IL BAMBINO GESÙ

Nina Gockerell

Il Bambino Gesù

Italienische Jesuskindfiguren aus drei Jahrhunderten
Sammlung Hiky Mayr

Wien 1998

Katalog zur Ausstellung im Palais Harrach
Wien, 25. November 1998 bis 31. Jänner 1999

Adaption einer Ausstellung des Bayerischen Nationalmuseums 1997/98
Konzept und Katalog: Nina Gockerell
Graphische Gestaltung des Kataloges: Zembsch'Werkstatt
Fotos: Marco Rapuzzi und Walter Haberland

Veranstalter der Ausstellung in Wien:
Österreichisches Museum für Volkskunde: Franz Grieshofer
Kunsthistorisches Museum: Wilfried Seipel

Ausstellungsgestaltung: Gerhard Veigel
Organisation: Annita Mader

Herausgeber des Kataloges: Österreichisches Museum für Volkskunde

Frontispiz:
Luca Giordano
Anbetung der Hirten
Um 1696
Gemäldegalerie des Kunsthistorischen Museums, Wien
Inv.-Nr. 6994

ISBN 3-900359-80-6
Die Deutsche Bibliothek - CIP-Einheitsaufnahme
Il bambino Gesù: italienische Jesuskindfiguren aus drei Jahrhunderten, Sammlung Hiky Mayr; [Katalog zur Ausstellung im Palais Harrach Wien, 25. November 1998 bis 31. Jänner 1999]/[Hrsg. des Kataloges: Österreichisches Museum für Volkskunde]. Nina Gockerell. - 2., geänderte Aufl. - Wien: Österr. Museum für Volkskunde, 1998
Lithografie: Fotolito Longo, Bozen
Druck: Passavia Druckerei GmbH, Passau

VORWORT

Das Jesuskind ist aus unserer Vorstellungswelt weitgehend verschwunden. Obwohl die Kirche zu Weihnachten die Menschwerdung Christi begeht, wird die theologische Botschaft heute von säkularen Symbolen im wahrsten Sinne des Wortes überstrahlt. Der Christbaum und - neuerdings - der Weihnachtsmann traten an seine Stelle. Das "Christkindl" begegnet uns gegenwärtig bestenfalls im übertragenen Sinn als Weihnachtsgeschenk.
Daß das nicht immer so war, davon zeugt eine einzigartige Kollektion an italienischen Jesuskindfiguren. Ihrer Besitzerin, Frau Hiky Mayr, ist es nämlich innerhalb relativ kurzer Zeit gelungen, eine beachtliche Anzahl kunsthistorisch wertvoller Skulpturen zusammenzutragen. Sie bewies bei der Erwerbung nicht nur feinfühliges Gespür und kenntnisreichen Weitblick, sondern - einmal von der Leidenschaft zum Jesuskind gepackt - auch unermüdliche Beharrlichkeit und Enthusiasmus. Ihre Sammlung umfaßt die verschiedensten Jesuskindtypen: vom zappelnden Kind in der Krippe bis zum schlafenden Kind auf dem Kreuz, vom Kind in den Armen Marias bis zum stehenden Jesusknaben als dem Weltenkönig.
Dankenswerterweise erklärte sich Frau Hiky Mayr bereit, ihre "Kindl", die sie während des Jahres wohl verpackt in einem Safe aufbewahrt, zur Weihnachtszeit einer breiten Öffentlichkeit zugänglich zu machen. Nach einer ersten Präsentation in Brescia, der Heimat von Frau Mayr, und einer ersten eigenen Veröffentlichung in Buchform, ergab sich für das folgende Jahr die glückliche Zusammenarbeit mit dem Bayerischen Nationalmuseum in München, wo die Jesuskindfiguren 1997/98 mit großem Erfolg zu sehen waren.
Zu diesem Anlaß wurde die Sammlung von der Münchner Volkskundlerin Nina Gockerell neu bearbeitet und ein informativer Katalog erstellt, worin der frömmigkeitsgeschichtliche Hintergrund der Figuren beleuchtet wird.
Seit dem Mittelalter bildete die Jesuskindverehrung einen integrierenden Bestandteil der Weihnachtsliturgie. Vor allem in den Frauenklöstern wandte man sich dem Jesuskind zu. Das Kindlwiegen war ein weitverbreiteter Brauch, wovon heute noch das bekannte Lied "Josef, lieber Josef mein, hilf mir wiegen das Kindelein" Kunde gibt. In der Barockzeit erlebte die Jesuskindverehrung eine neue Blüte. In dieser Zeit entstanden zahlreiche Wallfahrten zum Jesuskind. Hier sei nur il Bambino di Aracoeli in Rom erwähnt, das zu den beliebtesten Gnadenbildern zählt.
Die Ausstellung von italienischen Jesuskindfiguren mit ihren künstlerisch wertvollen Exponaten soll uns in Erinnerung rufen, daß es auch in Österreich ehemals eine ähnlich verbreitete Jesuskindverehrung gab. Neben dem Prager Jesulein, dem Loreto Kindl in Salzburg, dem Filzmooser Kindl, das laut Legende auf sein Läuten hin von Hirten gefunden wurde, oder dem durch das Weihnachtspostamt neuerdings zu großer Popularität gelangten kleinen wächsernen Christkindl von Steyr kann gerade auch Wien mit einer Reihe von Jesuskindern aufwarten, die im 18. Jahrhundert wallfahrtsmäßig aufgesucht wurden.
Die Aufklärung ließ viele solcher Jesuskindfiguren verschwinden, doch enthält die bekannte Gugitz-Sammlung im Österreichischen Museum für Volkskunde eine große Anzahl kleiner Andachtsbilder, die von der einstigen Beliebtheit und Anziehungskraft der Jesuskind-Gnadenbilder auf die Wiener Bevölkerung zeugen. So verehrten die Regulierten Chorfrauen des Himmelpfortklosters ein "liebreiches Jesuskind". Die Andachtsbildchen zeigen es als sitzendes, bekleidetes Jesuskind, das in der linken Hand den Reichsapfel trägt. Die Klarissinnen im Königskloster nannten hingegen ein sitzendes, bekleidetes Jesuskind mit einem Vogel in der Hand ihr Eigen. Das Österreichische Museum für Volkskunde besitzt in seiner Sammlung für religiöse Volkskunst in der ehemaligen Klosterapotheke davon ein Ölgemälde als Devotionalkopie. Ein anderes Andachtsbild wiederum zeigt die "wahr

haffte Abbildung des gnadenreichen Jesus-Kindlein, welches in den Königl. St. Clara Ord. In Wien aufbehalten und verehret wirdt".
Bei den Elisabethinen im 3. Wiener Gemeindebezirk begegnet uns das Jesuskind vom Typus des Guten Hirten. Es hält in der einen Hand einen Blumenstrauß und in der anderen ein Lämmchen an der Leine. Der dazugehörende Spruch unterstreicht seine Bedeutsamkeit: "Ich bin ein guter Hirt und will sie ziehen mit den Banden der Liebe. Ioan am 10."
Besondere Verehrung fand das Jesuskind bei den Ursulinen in der Johannesgasse. In ihrem Besitz befand sich nicht nur ein kunstvoll aus Elfenbein geschnitztes Gnadenbild, sondern auch eine Span-Reliquie von der wahren Krippe Jesu, ein Geschenk der Kaiserin Maria Theresia, die diesen kostbaren Schatz ihrerseits von Papst Clemens XIII. erhalten hatte.
In der Alservorstadt verehrte man ein stehendes Jesulein in einem Strahlenkranz mit einem Blütenzweig. Es handelt sich um "Das liebreiche Jesulein, welches Anno 1612 zu Madrid in Königreich Spanien wunderbarlich erschienen nunmehro aber den 20ten January 1754 in der Wienerischen Closter Kirchen derer W.W.E.E.P.P. Trinitariern zu offentlichen Verehrung hochfeuerlich ausgesetzet worden". In der nachmaligen Minoritenkirche in der Alserstraße findet sich aber noch ein weiterer Hinweis auf die einstige Jesuskindfrömmigkeit in Wien. Hier liegt nämlich die Mystikerin Christina Rigler (1648-1705) begraben. Aus den Aufzeichnungen über diese bemerkenswerte Frau wissen wir, daß sie dem Kinde Jesu besonders zugetan war. Sie besaß "ein kleines gläsernes Kästlein worinnen sie dieses ihres liebsten Jesulein sein Bildnuß aus ein jungfräulichen weissen Wax poussiert verschlossen und verwahret hielte und täglich mit sonderbarer Andacht verehrte". Zur Weihnachtszeit huldigte sie dem neugeborenen Jesuskind in einem "Kripplein.. in welchem sie es nächst an ihr Beth auff ein Altärl mit tiefster Demut und zartester Andacht anbetete und liebkoste.."(1) Wenn sie in ihren Visionen von Jesuskindstatuen spricht, "welche man gemeiniglich auf die Altär stellet", so stecken - wie wir aus den erhaltenen Zeugnissen wissen - dahinter wirkliche religiöse Handlungen.
Solche blitzlichtartigen Hinweise auf die einstige Jesuskindverehrung gilt es bei der Betrachtung der italienischen Jesuskindfiguren zu bedenken. Das Österreichische Museum für Volkskunde, das nicht nur über eine umfangreiche Sammlung an Weihnachtskrippen aus dem Bereich der einstigen österreichischen Monarchie verfügt und zu dessen Tradition es gehört, jährlich Weihnachtsausstellungen zu zeigen, hat daher gerne die Gelegenheit ergriffen, die Ausstellung "Il Bambino Gesù" nach Wien zu bringen. Über Wunsch von Frau Hiky Mayr wurde für die Aufstellung das zentral gelegene Palais Harrach auserkoren. Das Palais Harrach bietet nämlich nicht nur den geeigneten Rahmen für die Präsentation einer so wertvollen Sammlung, sondern es entspricht auch dem sozialen Background der Figuren, die meist aus adeligem Besitz stammen.
In seinem Haupthaus in Wien 8, Laudongasse 15-19 zeigt das österreichische Museum für Volkskunde dafür als Ergänzung zu den italienischen Skulpturen aus seinen eigenen Beständen österreichische Beispiele der Jesuskindverehrung im Andachtsbild.

Die Ausstellung verdankt somit mehreren glücklichen Umständen ihr Zustandekommen: der Bereitschaft der Sammlerin, Frau Hiky Mayr, ihre kostbaren Jesuskindfiguren für die Ausstellung in Wien zur Verfügung zu stellen, der vom Bayerischen Nationalmuseum und seinem Generaldirektor Reinhold Baumstark geleisteten Vorarbeit, der wissenschaftlichen Beratung durch die Katalogverfasserin Nina Gockerell, dem schönen Rahmen im Palais Harrach und der guten Zusammenarbeit mit dem Hausherrn, Generaldirektor Wilfried Seipel, samt seinem bewährten Team und der Gemäldegalerie für die Überlassung stilvoller Gemälde. All diesen genannten Personen und Institutionen, insbesondere auch dem Bundesministerium für Unterricht und kulturelle Angelegenheit, das die finanziellen Mittel bereitstellte, gilt es aufrichtigen Dank zu sagen.

Franz Grieshofer
Direktor des Österreichischen Museums für Volkskunde

1) Hanns Aurenhammer, Die Wiener Mystikerin Christina Rigler (1648-1705). Leben, Frömmigkeitstypus, Bildvorstellungen. In: Kultur und Volk. Festschrift für Gustav Gugitz, Wien 19954, 1-23

ZUR GESCHICHTE *der Jesuskindverehrung*

In zahlreichen Szenen des Marienlebens und der Kindheit Jesu ist der kleine Knabe Mittelpunkt einer oft vielfigurigen Bildgestaltung: als Krippenkind in der Anbetung durch Hirten und Könige, als Fliehender mit Maria und Joseph auf dem Weg nach Ägypten, in der „Anna Selbdritt" genannten Gruppierung mit Maria und ihrer Mutter Anna, mit dem nur wenig älteren Vetter Johannes spielend, als Helfer seines Ziehvaters Joseph in der Zimmermannswerkstatt in Nazareth und in vielen anderen auf apokryphe Erzählungen zurückgehenden Bildern; auch auf der Schulter des legendären hl. Christophorus begegnet uns in dem kleinen Knaben der Herrscher der Welt. Solche erzählenden Bilder, die seit dem Mittelalter und verstärkt im Barock entstanden sind, prägen unsere Vorstellung vom Jesusknaben bis heute. Die Verehrung des Kindes reicht aber viel weiter zurück; sie findet ihren Ausdruck in zahllosen, über die Jahrhunderte immer wieder in ihrer Gestalt veränderten Bildern.

Im frühen Christentum wurde der Jesusknabe zunächst nicht isoliert dargestellt. Nur zwei festgefügte Bildtypen bestimmten die Christus-Ikonographie: Maria mit dem Kind und der Gekreuzigte. Das Bild von Maria mit dem herrscherlich gewandeten, nicht kindlichen Knaben – dem Logos (griech. „Wort") – auf ihrem Schoß diente der Betonung der göttlichen Natur Jesu. Der Prolog des Johannesevangeliums beginnt mit den Worten „Im Anfang war das Wort, / und das Wort war bei Gott, / und das Wort war Gott" (Joh.1,1) und weiter heißt es in Vers 14 „Und das Wort ist Fleisch geworden / und hat unter uns gewohnt" (Joh.1,14) (Abb.1). Im Bild des Gekreuzigten trat dem Betrachter der leidende Gottmensch entgegen. Bis ins hohe Mittelalter wurde in diesen beiden Bildtypen das gesamte Heilsgeschehen erfaßt, erst später wurden auch andere Stationen auf dem Heilsweg Christi dargestellt.

Seit dem frühen 14. Jahrhundert formte sich als Gegenbild zum Gekreuzigten der Typus des plastischen, stehenden, nackten Jesusknaben im Alter von ein bis zwei Jahren mit erhobener Segenshand und meist dem Reichsapfel in seiner Linken heraus. Diese Darstellung als nacktes Kind ist bildlicher Ausdruck der Heilsbotschaft von der Menschwerdung Jesu. Sie ist als Andachtsbild in der Zeit um 1300 nachweisbar. Skulpturen des nackten Jesuskindes waren im späten Mittelalter in den deutschsprachigen Ländern und in den burgundischen Niederlanden sehr verbreitet; aus dem 17. und 18. Jahrhundert sind sie in den südeuropäischen Ländern in großer Zahl erhalten geblieben; in Spanien und Italien wurden gar noch im 19. Jahrhundert unzählige Jesuskindfiguren in der formalen Tradition des Barock angefertigt.

1 Evangeliar
Köln, um 1050
Staatsbibliothek Bamberg,
Msc. Bibl. 94, fol. 155 r

Giotto und die Weihnachtsfeier des hl. Franziskus

In seinem Freskenzyklus zum Leben des hl. Franz hat Giotto in der Oberkirche in Assisi wohl kurz vor 1300 auch die Weihnachtsfeier des Heiligen im Jahr 1223 dargestellt (Abb. 2). Zwar berichten die Quellen ganz ausdrücklich vom Wald im nahen Greccio als Schauplatz dieser besonderen Weihnachtsliturgie, doch verlegt Giotto sie an den gewohnten Ort – in den Chorraum der Kirche. Man sieht das mächtige, schräg angebrachte Kreuz auf der Chorschranke dadurch von hinten – man erkennt sogar die Halterungskonstruktion – und kann, zumal aufgrund der korrespondierenden roten Farbe, eine unmittelbare Beziehung zwischen dem Gekreuzigten und dem kleinen, gewickelten Knaben mit Kreuznimbus herstellen, den der Heilige im Bildvordergrund mit großer Behutsamkeit aus einem trogartigen Bett nimmt. Im Halbkreis haben sich Mönche und Bürger aufgestellt, im Hintergrund wird aus voller Kehle gesungen, Frauen drängen durch das Portal in der Chorschranke. Aus dem Umfeld der sogenannten Waldfeier des hl. Franz sind die beiden unverhältnismäßig kleinen Tiere – Ochs und Esel – bei Giotto mit in den Kirchenraum gekommen; sie haben sich vor der Krippe niedergelassen. Die Festgestaltung des Franziskus gilt als schönster Ausdruck seines Verlangens, nachahmend in die Fußstapfen Christi zu treten (vestigia imitari), denn „sein höchstes Streben, sein vornehmster Wunsch und sein oberstes Ziel war, das heilige Evangelium in allem und durch alles zu beobachten.“ [1] So hatte er vierzehn Tage vor dem Fest einen befreundeten Adeligen gebeten, eine Krippe mit Heu sowie Ochs und Esel an eine bestimmte Stelle

1 Thomas von Celano, Vita I S. Francisci, S. 84

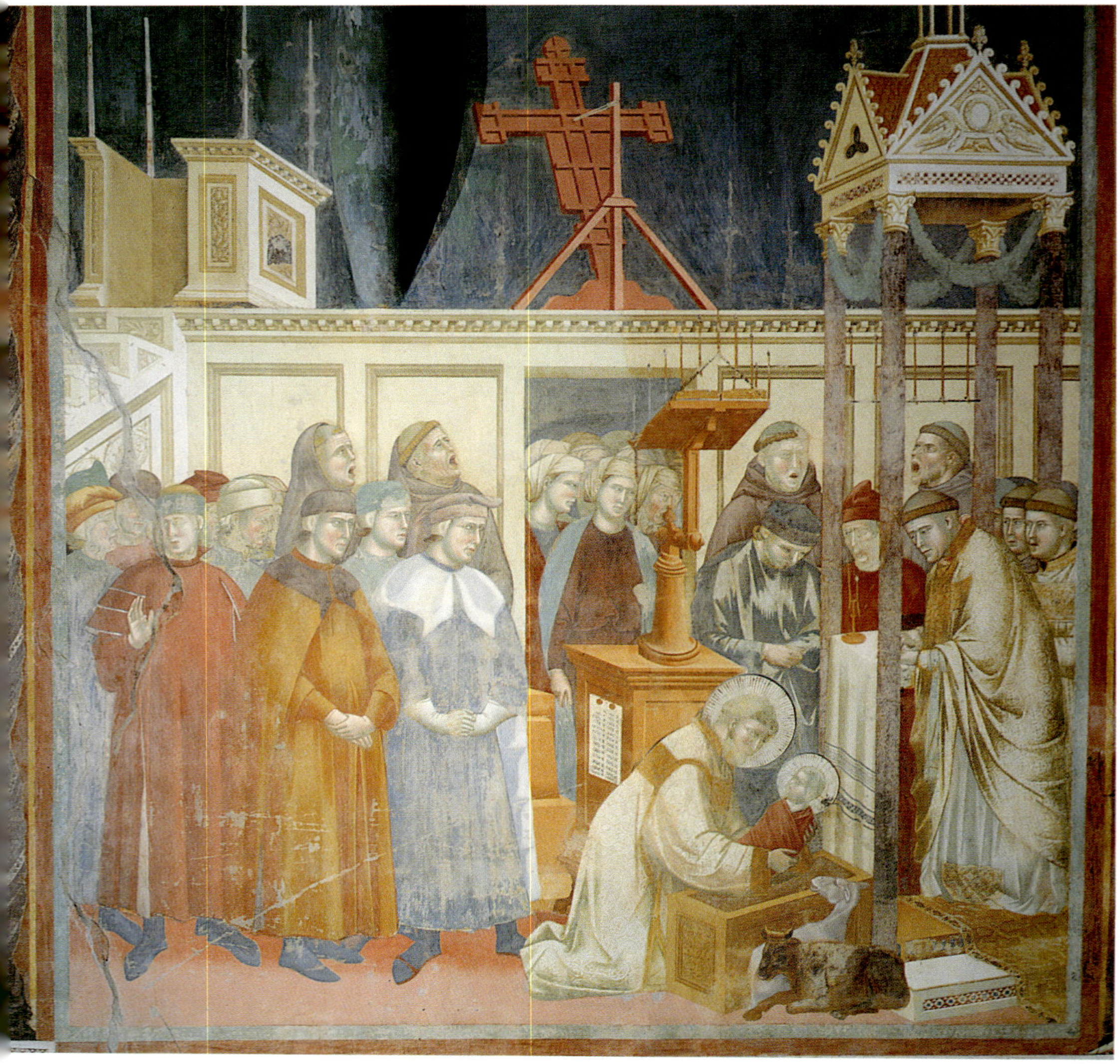

2 Giotto
Die Weihnachtsfeier des Hl. Franziskus. Fresko in der Oberkirche von San Francesco in Assisi. Gegen 1300

bringen zu lassen und dazu erklärt: „Ich möchte nämlich das Gedächtnis an jenen Knaben, der in Bethlehem geboren worden ist, begehen und möchte die Kindesnöte, die er erlitt, wie er in die Krippe gelegt wurde und wie er vor Ochs und Esel, die dabeistanden, auf Heu gebettet wurde, so tatsächlich wie möglich mit meinen körperlichen Augen sehen.“ [2]
Um nicht mit der Kirche in Konflikt zu geraten, hatte Franziskus die Genehmigung von Papst Innozenz III. zum Aufstellen der Krippe eingeholt. In der Weihnachtsnacht eilten Brüder, aber auch Bürger mit Kerzen und Fackeln herbei und erlebten den Heiligen, „von frommem Schauer ergriffen“ und „von wunderbarer Freude überströmt“, als über der Krippe die Messe gefeiert wurde. Dabei hatte einer der Anwesenden eine Vision: „Er sah in der Krippe ein lebloses Knäblein liegen; zu diesem sah er den Heiligen Gottes hinzutreten und den Knaben wie aus dem Schlaf erwecken.“ Dieses Gesicht sei, so schreibt der Franziskus-Biograph Thomas von Celano (um 1190 - 1260) weiter, „gar nicht unzutreffend, denn der Jesusknabe war in den Herzen vieler vergessen. Da wurde er kraft seiner Gnade durch seinen heiligen Diener Franz wieder erweckt und zu eifrigem Gedenken eingeprägt. So endete die feierliche Nachtwache, und ein jeder kehrte voll Freude nach Hause zurück.“ [3]
Was aber war so ungewöhnlich und neu an diesem Weihnachtsgottesdienst? War nicht schon lange die Liturgie mit verteilten Rollen durch mehrere Priester gelesen und damit fast szenisch dargestellt worden? Hatte der hl. Franz aus der Feier der Heiligen Nacht ein Krippenspiel gemacht? Und die drängendste Frage: hatte er wirklich nur die Requisiten Krippe, Heu, Ochs und Esel bei sich, oder lag in der Krippe tatsächlich ein Knabe - ein lebendiges Kind oder eine Figur? Der Wortlaut der Quellen ist für eine eindeutige Aussage zu unbestimmt; er läßt alle Möglichkeiten zu - auch die gänzlich leere Krippe. Natürlich hat die Krippenforschung weltweit immer wieder an diese Weihnachtsfeier des hl. Franz erinnert und ihn zum „Erfinder der Weihnachtskrippe“ gekürt. Tatsächlich ist die figurenreiche Krippe viele Jahrhunderte später und aus ganz anderen Wurzeln entstanden. [4]
Franziskus aber hat aus Greccio ein neues Bethlehem gemacht - ein Bethlehem in Italien; mit dieser Hervorhebung der Bedeutung der Geburt Christi und ihres geographischen Ortes hat er sich gegen die Kreuzzüge seiner Zeit gewendet, die der Befreiung Jerusalems galten. [5]
Die Frage, ob nicht doch bereits eine Figur des Jesuskindes in der Krippe gelegen haben könnte, wurde von älteren Forschern (z.B. Rudolf Berliner) strikt verneint und diese Einschätzung wird wohl auch neueren Untersuchungen standhalten. Giotto hätte also die Vision des Frommen dargestellt, der plötzlich den Knaben wahrhaftig in den Armen des Heiligen gesehen hatte. Auf dem Fresko beugt sich ein Priester mit vorgestreckten Armen zu Franziskus nieder, der vor der Krippe kniet und den in rote Bänder gewickelten Knaben andächtig heraushebt; der Priester scheint das Kind entgegennehmen zu wollen. Hat Giotto hier festgehalten, was sich zu seinen Lebzeiten am alten Ritus, in dem nur der konsekrierende Priester allein die Hostie sah, veränderte? An der neuen Elevatio der Hostie haben auch die Gläubigen Anteil. Hubert Schrade fragt: „Vollzieht nicht auch der hl. Franz eine Elevatio? Aber die Gestalt des Gottessohnes ist nicht die im Geheimnis bleibende der Hostie, sondern die des wunderbar wiedergeborenen 'bethlehemitischen Knaben'“ [6].
Knapp ein Jahrhundert später sind aus Italien hölzerne und tönerne Figuren des gewickelten Jesusknaben nachweisbar, die möglicherweise für den Nachvollzug der franziskanischen Weihnachtsfeier gedient haben, war sie doch schon bald nach dem Tod des Heiligen in den frühen Klöstern seiner Brüder üblich geworden. Zu Beginn des 14. Jahrhunderts nämlich entstanden im Sieneser Kunstkreis Jesuskindfiguren, die mit eng an den Körper angelegten Armen fest in einen schulterfreien Mantel gewickelt sind; ihre Rückseite ist flach - sie waren zum Liegen konzipiert. Das älteste erhaltene Beispiel ist eine 42,5 cm hohe Figur aus Nußholz aus der Zeit um 1320, heute im Besitz der Skulpturenabteilung der Staatlichen Museen Preußischer Kulturbesitz Berlin (Inv. Nr. 11/68).
Von ganz besonderer Feinheit ist ihre Farbfassung: ein helles Rosa im Inkarnat, goldene Locken und ein elfenbeinfarbenes Gewand mit goldener Bordüre über dem azuritblauen, faltenreichen Untergewand.
Bis heute haben sich vier Kopien dieser Figur aus verschiedenen Materialien (Holz und Ton) und zwei Varianten erhalten; dies könnte ein Hinweis darauf sein, daß es sich um eine ganz besondere Jesuskindfigur handelt, zumindest um eine von der Bedeutung eines Andachtsbildes. [7]

2 ebenda
3 ebenda, S. 86
4 Nachzulesen in: Rudolf Berliner, Die Weihnachtskrippe. München 1955
5 Helmut Feld, Franziskus von Assisi und seine Bewegung. Darmstadt 1994, S. 237
6 Hubert Schrade, Franz von Assisi und Giotto, Köln 1964, S.73-84
7 Zu diesen Figuren und zur Frage ihrer Zuschreibung an Ambrogio Lorenzetti siehe: Ursula Schlegel, The Christchild as Devotional Image in Medieval Italian Sculpture: A Contribution to Ambrogio Lorenzetti Studies. In: The Art Bulletin LII, 1970, S.1-10

Klöster als Hort der Jesuskindverehrung, fromme Frauen und ihre Jesusminne

Darf man die Franziskaner, die seit 1375 bis heute ununterbrochen im Heiligen Land und damit in Bethlehem als Vertreter der lateinischen Kirche ansässig sind, als Wegbereiter und unermüdliche Förderer der Jesuskindverehrung in Italien ansehen, trifft man in den im weitesten Sinne deutschsprachigen Ländern in dieser Funktion vor allem auf Dominikanerinnen und Zisterzienserinnen. Dem Zisterzienser Bernhard von Clairvaux (1090–1153) soll als Knabe ein Erlebnis zuteil geworden sein, das seine innige Frömmigkeit bestimmte: in einer Weihnachtsnacht seiner Kindheit schaute er während der feierlichen Nachtwache die Geburt des Jesusknaben, der war „schöner an Gestalt als alle Menschenkinder“. [8] Als er später die alte Benediktinerregel für seinen jungen Orden der Zisterzienser in ihren Prinzipien der Armut und des Fleißes neu beleben wollte, war Bernhards Jesusbild nicht von dem Herrscher in der Glorie bestimmt, sondern von dem Zimmermannssohn aus Nazareth in seinem Menschsein. Sein Zeitgenosse und Bruder Waldef, der 1159 verstorbene Abt der englischen Zisterze, erlebte nicht nur die Verwandlung der Hostie in das Jesuskind, sondern pflegte auch einen sehr liebevollen Umgang mit dem Knaben, dem er in einer zu dieser Zeit gänzlich neuen Intimität alle Glieder küßt, dessen Geburt und Passion er in Visionen schaut. [9]

Das 13. Jahrhundert war im Religiösen durch die Blüte der Frauenmystik bei den Zisterzienserinnen bestimmt, die in einem tiefen Fühlen mit Leib und Seele Visionen und Erscheinungen ekstatisch erlebten. Um die Mitte des Jahrhunderts gab es im deutschen Sprachraum 500 Frauenkonvente, darunter allein 150 Klöster nach den Regeln der Zisterzienser.

Viele Aufzeichnungen berichten gerade aus diesen Klöstern von mystischen Erlebnissen der Nonnen, von ihrer inneren Schau, von wundersamen Erscheinungen, wobei die durchaus erotische Brautmystik im Vordergrund stand. [10]

Drei Frauen des 13. Jahrhunderts sind es, die als Mystikerinnen die Verehrung des Jesuskindes in ihrem Kloster Helfta bei Eisleben gefördert und dieser besonderen Andacht bestimmte Formen gegeben haben: Mechthild von Magdeburg, Mechthild von Hackeborn und Gertrud die Große. Mechthild von Magdeburg (gest. 1280) ist vor allem durch ihr Werk „Das fließende Licht der Gottheit“ bekannt geworden, in dem sie sich zur Gottesminne bekennt und von Erscheinungen des Kindes Jesu in ihren reiferen Jahren berichtet. Mechthild von Hackeborn (gest. 1290) richtete ihre frommen Gedanken immer wieder auf das Jesuskind; in Aufzeichnungen ihrer Mitschwestern wird von der Weihnachtsmesse berichtet, in der Mechthild glaubte, Gottvater sprechen zu hören, der ihr das Kind anvertraute. Doch erst bei Gertrud der Großen (gest. 1302) finden wir den Jesusknaben zugleich als ihr Kind, ihren Seelenbräutigam und als Christkönig. Sie hinterließ schriftliche Anleitungen zum Bekleiden des Jesuskindes, wobei diese rein gedanklich umzusetzen waren – eine Figur des Knaben besaß sie nicht. Das Weiß der Unschuld, das Grün der Demut und das Rot der Liebe erschienen ihr die geeigneten Farben, um das Jesuskind zu Mariae Lichtmeß in den Tempel zu tragen. Gertrud hinterließ fünf Bände mit dem Titel „Der Gesandte der göttlichen Liebe“; im 6. Kapitel des 2. Buches schildert sie eine Weihnacht: „...Und siehe da, meine Seele erkannte, daß ein zartes, gleichsam zur Stunde geborenes Kindlein wie einen Augenblick lang ihr gezeigt und dargereicht und wie in einem Teil des Herzens aufgenommen wurde... Kaum aber fühlte meine Seele es in sich, da schien sie plötzlich ganz umgewandelt zu sein...Sie fühlte nämlich, wie sie den Geliebten, der ihr eingesenkt worden war, umschloß und der huldvollsten Gegenwart des holdseligsten Bräutigams sich erfreute.“ [11]

8 Lothar Zenetti, Das Jesuskind. Verehrung und Darstellung. München 1987, S. 25

9 Peter Dinzelbacher, Christliche Mystik im Abendland. Ihre Geschichte von den Anfängen bis zum Ende des Mittelalters. Paderborn 1994, S.129

10 Vgl. hierzu: Elisabeth Vavra, Bildmotiv und Frauenmystik – Funktion und Rezeption. In: Peter Dinzelbacher und Dieter R. Bauer (Hg.): Frauenmystik im Mittelalter. Ostfildern 1985, S. 201–230

11 Zenetti, wie Anm. 8, S. 43

3 Liegendes Jesuskind (Kat.Nr.4)

4 Stehendes Jesuskind (Kat.Nr.52)

5 Kleines Andachtsbild:
Margaretha Ebner mit ihrem Jesuskind
(Slg. Kriss, Inv.Nr.Kr. W 421)

Diese drei im Kloster Helfta lebenden Frauen des 13. Jahrhunderts verfügten über gründliche Kenntnisse der Theologie; sie waren hochgebildet und hatten die Fähigkeit der geistigen Schau. Äußere Andachtshilfen lehnten sie aus Furcht ab, diese könnten sie von der Versenkung in die Geheimnisse des Glaubens ablenken. Im 14. Jahrhundert entwickelte sich dann allmählich eine Form der Spiritualität, die das Bild durchaus mit einbezog in neue Formen der Frömmigkeit. Legenden zur Kindheitsgeschichte Jesu und andere fromme Erzählungen bildeten den Hintergrund für manche nach bestimmten Mustern ablaufende Erlebnisse, die in den Schilderungen der Nonnen immer wieder auftauchen. Dabei gab das Kirchenjahr den festen Rahmen vor, in den auch die Vorfreude und die Vorbereitung auf die Geburt Jesu eingefügt werden konnte. Die nicht tatsächlich erlebte Mutterschaft konnte nun in der liebevollen, geistigen Fürsorge für das Jesuskind kompensiert werden, wobei die Nonne - wie Klara von Assisi schreibt - „Braut, Mutter und Schwester meines Herrn Jesus Christus“ ist, also zugleich Stellvertreterin Mariens und Braut des Knaben. [12] Das Miterleben der Schwangerschaft Mariens konnte recht reale Züge annehmen, wenn etwa von der Schwester Eite von Holzhausen im Kloster Kirchberg bei Sulz berichtet wird: „Sunderlich in einem advent was sie so gar vol genad unsers herrn, das ir was recht, wie sie unsers herrn swanger wer. Das sol man versten also, das ir hercz und ir sel und ir gemut so gar werlich und empfintlich vol was unsers herren genad und seiner gegenwart, das sie nicht mocht geleiden das man sie rurt. Da von het sie mit dieser genad unsers herrn kintheit unczehlich vil wollustes und freud und susskeit, des wir dick an ir gewar wurden.“ [13]
Im fränkischen Engelthal träumte die Schwester Christine Ebner, die in ihrer geistlichen Schwangerschaft übergroße Liebe zu dem Ungeborenen empfand, von einer Geburt „ohn' alle Schmerzen“ und eilte ins Refektorium mit den Worten „Freut euch mit mir allesamt, ich mag euch mein Freud nit länger verhehlen; ich empfing Jesum und hab ihn nun geboren“. [14]
Daß die Predigtworte eines Meisters Eckehart oder des Dominikaners Johannes Tauler von den geistlichen Müttern des Herrn, die ihn in ihrer Seele empfangen und ihn gebären sollten, von den einfachen Gemütern mancher Klosterfrauen nicht als Bilder verstanden, sondern ganz sinnlich erlebt wurden, zeigt sich in vielen solchen Aufzeichnungen.
Noch aber - im 14. Jahrhundert - ist der vertraute Umgang mit dem Jesuskind ein rein geistliches Spiel, noch sind es die Gedanken an den kindlichen Erlöser, welche die Nonnen vor allem um die Weihnachtszeit sammeln und in festgefügten Formen, wie etwa der geistlichen Schwangerschaft, durchleben.
Auch Margareta Ebner (um 1291-1351), Dominikanerin in Maria Medingen bei Dillingen, pflegte eine ausgeprägte Verehrung der Geburt Christi mit mütterlichen Empfindungen und einer heute fast einfältig anmutenden Neugier, die sie in ihren von Heinrich von Nördlingen angeregten Aufzeichnungen auch ganz freimütig preisgab. (Abb. 5). Jahrzehnte ihres Klosterlebens hatte sie sich als „geliebte Braut Christi“ vornehmlich der Passionsmystik zugewandt - in höherem Alter wuchs sie in die Rolle der Nachfolgerin oder auch Stellvertreterin Marias, der geistigen Muttergottes, hinein und begann, die geistige Mutterschaft auch körperlich zu erleben. Sie hielt innige Zwiesprache mit dem Jesuskind und fühlte sich von ihm aufgefordert, es zu stillen „so nim ich daz bilde uzze der wiegen und leg ez an min blozzes herze mit grossem lust und süessiket...“ [15] Der Stephanstag (26. Dezember) des Jahres 1344 bringt ihr eine übergroße Freude, sie bekommt aus Wien „ain minnekliches bilde, daz was ain Jhesus in ainer wiegen, und dem dienten vier guldin engel“. [16]
Niemals konnte geklärt werden, ob es sich dabei - wie es noch Adolf Spamer vermutet hat - um ein Pergamentbildchen mit der gemalten Darstellung eines Jesuskindes in der Wiege gehandelt hat, oder ob Margareta tatsächlich eine Jesuskindfigur als Geschenk erhalten hat. [17]

12 Vgl. hierzu: Marco Bartoli, Klara von Assisi. Werl 1993, S. 171
13 Zenetti, wie Anm. 8, S. 56
14 ebenda
15 Zitiert nach: Manfred Weitlauff, Margareta Ebner. In: Bavaria Sancta. Zeugen christlichen Glaubens in Bayern (Hg. Georg Schreiber) Bd.III, Regensburg 1973, S. 254. Vgl. hierzu auch: Eberhard Dünninger, Die Weihnacht der Margareta Ebner. In: Jahrbuch des Historischen Vereins Dillingen 74/1972, S.14-21
16 Weitlauff, wie Anm. 15, S. 254
17 Adolf Spamer, Das kleine Andachtsbild vom XIV. bis zum XX. Jahrhundert. München 1930, S. 9

Wohl wird im Kloster Maria Medingen bis auf den heutigen Tag ein nacktes, geschnitztes Jesulein aufbewahrt, das in die Zeit um 1340 datiert werden darf, doch gibt es keinen Beweis dafür, daß es dasjenige ist, das Margareta aus Wien bekam; die „vier guldin engel", von denen sie selbst in ihrer Autobiographie erzählt, sprechen eher gegen ein plastisches Jesuskind, denn diese Engel wären dann nur als selbständige Figuren oder eventuell als gemalte Darstellungen auf den Außenseiten der Wiege denkbar. Auf einem Pergamentbildchen dagegen ist die Darstellung der Wiege, um die vier Engel knien, sehr gut vorstellbar. Jedenfalls entwickelte Margareta ein inniges Verhältnis zu ihrem Jesulein, und als sie sich eines Nachts von ihm in ihrem Schlaf gestört fühlt, fragt sie es, warum es sie nicht schlafen lasse. Das Kind bittet sie, es zu sich zu nehmen, und sie stellt es „mit begirden und mit fröden" auf ihren Schoß und spricht: „küsse mich, so wil ich lazzen varn, daz du mich geunrouwet hast." Da - so schreibt sie - „fiel ez umb mich mit sinen armen und hiels mich küsset mich." [18] Im Gegensatz zu den großen Mystikerinnen des hohen Mittelalters, die ihre Gottesschau wesentlich verhaltener und alles Sinnenhafte meidend erlebten, wird zur Zeit Margaretas - und speziell bei ihr selbst - die Verniedlichung in mütterlichem Überschwang deutlich und ebenso die Gefahr, aus der streng geistigen Atmosphäre der Mystik auszubrechen. So vertritt Margareta Ebner den Ausklang der mittelalterlichen Mystik, der von einer sehr persönlichen und zuweilen erotisch geprägten Frömmigkeit gekennzeichnet ist.

6 Gewickeltes Jesuskind (Kat.Nr. 20):

Jesuskindfiguren als Andachtsbilder und Zeichen der Menschwerdung

Aus dem 14. Jahrhundert haben sich nur einige wenige Jesuskindfiguren erhalten; fast alle weisen eine ähnliche, nur leicht angewinkelte Stellung ihrer Füße auf, so daß sie sowohl in einer Krippe liegend als auch als Andachtsbild stehend Verwendung finden konnten. Auch das sogenannte Jesuskind der Margareta Ebner in Maria Medingen gehört zu diesem Typus. Als „Andachtsbilder" hat Wilhelm Pinder all jene Bildwerke bezeichnet, die vor allem im späten 13. und frühen 14. Jahrhundert in den Frauenklöstern der Bettelorden, getragen von mystischem Gedankengut, entstanden.[19] Sie sind alle aus erzählenden Zusammenhängen herausgenommen und dienen der sehr persönlichen Andacht des einzelnen in der unmittelbaren Begegnung mit Christus. So findet man die Christus-Johannes-Gruppe aus dem Geschehen des Letzten Abendmahles herausgelöst, die Pietà (das Vesperbild) aus der Beweinung Christi, aus szenenreichen Passionsdarstellungen den Schmerzensmann, der die Summe des Leidens in sich vereint. All diese Andachtsbilder sollen die compassio - das - Mit-Leiden - des Gläubigen anregen und fördern; das nackte Jesuskind dagegen, herausgelöst aus der Szene der Huldigung der drei Könige, sammelt die Gedanken an die Menschwerdung Jesu und betont die Freude darüber. Die Anbetung der zum Kind gereisten drei Weisen ist Sinnbild für die Offenbarung an die Heidenwelt, sie galten als besondere Vorbilder in der Verehrung des menschgewordenen göttlichen Kindes.

Das 14. und 15. Jahrhundert hatte ausufernde Diskussionen gebracht über die „Ziemlichkeit" bestimmter bildlicher Darstellungen wie etwa das Dreigesicht zur Verdeutlichung der Trinität oder die Andeutung des kleinen Kindes in Marias Leib bei der Verkündigung. Über die Bilder des nackten Jesuskindes zeigte sich der Volksprediger Johann Geiler von Kayersberg

18 Weitlauff, wie Anm. 15, S. 254
19 Wilhelm Pinder, Die deutsche Plastik vom ausgehenden Mittelalter bis zum Ende der Renaissance (= Handbuch der Kunstwissenschaft). Berlin-Neubabelsberg 1914, S. 92 ff. Zuletzt: Karl Schade, Andachtsbild. Die Geschichte eines kunsthistorischen Begriffs. Weimar 1996

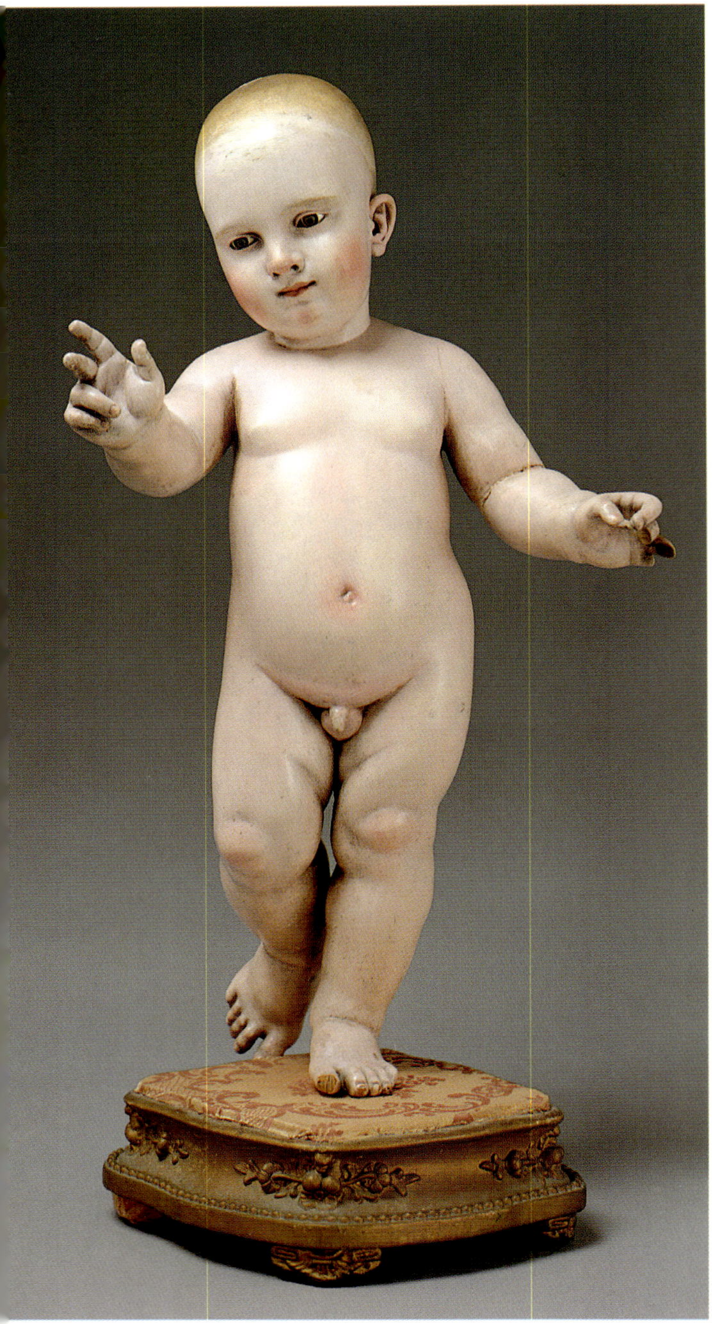

7 Stehendes Jesuskind (Kat.Nr. 44)

(1445–1510) wenig erfreut; er ereifert sich vielmehr darüber, daß gerade die Klosterfrauen solche Darstellungen verlangen und schreibt: „Kein maler kan kein iesusknaben ietz malen on ein Zeserlin. Es muss ein Zeserlin haben also sprechen unser begeinen und nunnen." Einen ungeschlechtlichen Jesusknaben würden die Klosterfrauen rundheraus ablehnen, schreibt er weiter, und verweist deutlich darauf, daß diese Art der Darstellung eine Neuerung sei; in den alten Bildern habe es keinen nackten Jesusknaben gegeben. Auch Johannes Molanus (1533–1585) konnte in seinem Bildertraktat von 1570 so gar nichts Erbauliches an den Bildern des unbekleideten Jesusknaben finden.[20]

Die Herausbildung dieses Darstellungstypus in Malerei und Plastik vollzog sich in der Renaissance. Mußte im frühen Christentum die Göttlichkeit des Jesusknaben mit der streng hieratischen Positur des Kindes und seiner Zeremonialrobe betont werden, galt es jetzt, die Glaubenswahrheit von der Menschwerdung im Bild festzuhalten. Das östliche Bild war und blieb eine Ikone, ein nach strengen Normen angefertigtes Bild des herrschenden Christus, und es genügte, sein Menschsein durch die Abstammung von Maria anzudeuten. Aufgabe der westlichen religiösen Malerei der Renaissance war neben anderen Themen vor allem die Darstellung der menschlichen Natur Jesu, die in zunehmendem Maße vertrauter und eben auch realistischer geriet. Der Jesusknabe ist nun ein Kind mit allen Bedürfnissen eines Kindes, das gestillt werden muß, das Zärtlichkeiten mit der Mutter tauscht, das spielt. Und um dieses tatsächliche Menschsein des Kindes deutlich zu machen, bedurfte es auch der Darstellung seines Geschlechts. Dies gilt vor allem für die Malerei, die im 15. und 16. Jahrhundert in den Bildern des nackten Knaben besonders die zweifache Natur Christi und seine Hingabe an das sterbliche Leben verdeutlichen wollte.[21]

Die plastischen Gestaltungen des stehenden Jesusknaben waren zunächst fast ausnahmslos als vollplastische Aktfiguren ausgearbeitet, wurden jedoch später zumeist mit kostbaren Textilien bekleidet. Aus dem anfänglichen Wunsch, das Menschsein des Knaben anschaulich vor Augen zu führen, entwickelte sich ein Typus, der unverändert bis ins 20. Jahrhundert hinein reproduziert wurde.

20 Klaus Schreiner, Maria. Jungfrau, Mutter, Herrscherin. München - Wien 1994, S. 274 ff.
21 Siehe dazu: Leo Steinberg, The sexuality of Christ in Renaissance Art and in Modern Oblivion. New York 1983

Das Kindlwiegen

Jede fromme Seele sollte – so wünschte es der Franziskaner Giovanni da Calvoli bald nach 1300 in seinen „Meditationes vitae Christi" – in der Zeit von Weihnachten bis Lichtmeß einmal täglich einen geistigen Besuch bei der Krippe machen, das Kind anbeten, Maria und Joseph betrachten und über ihre Armut, Demut und Betrübnis meditieren.[22] Anleitungen dazu empfehlen dem Anfänger in der geistigen Schau, sich ganz so zu benehmen, als sei das Kind gegenwärtig.

„Hilf mir wiegen daz Kindelin,
Joseph lieber neve min,
Gerne liebe muome min
Hilf ich dir wiegen das kindelin"

Dieses älteste Weihnachtslied in deutscher Sprache, verfaßt von einem als „Mönch von Salzburg" bezeichneten Lyriker der Zeit um 1380 gilt als musikalische Umrahmung dieser Andacht zum Jesuskind.[23] Ein wesentlicher Bestandteil des empfohlenen geistigen Besuches in Bethlehem, dieses Gangs zur Krippe, war das rein gedankliche Wiegen des Kindes. Sicherlich seit dem frühen 15. Jahrhundert gab es nach Ausweis

22 Berliner, wie Anm. 4, S. 15
23 Zitiert bei: Leopold Schmidt, Das deutsche Volksschauspiel. Berlin 1962, S. 313

8 Wickelkind in Wiege (Kat. Nr. 21)

der Inventare in Flandern Jesuskindfiguren auf einer kleinen Lagerstatt im Besitz einzelner Familien. Der Brauch, zu Weihnachten eine Figur des Jesuskindes in einer Wiege in den Schlaf zu singen, ist mit schriftlichen Aufzeichnungen ebenso belegt wie durch einige erhaltene Möbelchen, die in dieser frühen Zeit wohl durchwegs aus Frauenklöstern stammten. Dort bildete das Kindlwiegen einen wichtigen Bestandteil der Fürsorge für das Kind. „Das Kindlein wiegen" taucht im 16. Jahrhundert allerdings auch als Synonym für die Feier der Weihnacht auf und zwar sowohl im bürgerlichen als auch im kirchlichen Bereich, wenn etwa ein Biberacher Geistlicher diesen Ausdruck im übertragenen Sinne für das Abhalten der weihnachtlichen Feier verwendet.[24] Johannes Boemus berichtet für das Jahr 1520 aus Franken, daß dort zu Weihnachten die Statuette des neugeborenen Jesuskindes auf den Altar gestellt und von der Jugend umtanzt wurde. Sebastian Franck erzählt in seinem „Weltbuch", „am fest der geburt des Herrn da hat man an vil orten seltzam spil / wiegen eyn hultzin kind oder götzlein in der kirchen". Auch aus Basel wird 1553 von Thomas Naogeorgus die Weihnachtsfeier als Tanz der Kinder um das in der Krippe liegende Jesuskind geschildert.[25] Den genauen Ablauf einer solchen Feier des Kindlwiegens überliefert eine Anweisung für den Mesner des Brixner Domes aus der Zeit um 1560: Nach dem Nachmittagsgottesdienst am 25. Dezember und an allen Sonn- und Festtagen bis Lichtmeß leitet Glockengeläut die Feier ein. Dann trägt der Mesner die Wiege mit dem Kind aus der Sakristei auf den Stephansaltar, zwei Schüler wiegen das Kind, während die anderen unter weiterem Glockengeläut „in dulci jubilo" singen. Dann wird das Jesuskind zum Kuß herumgereicht. Die Kinder ziehen mit „puer natus in Bethlehem" in die Schule zurück, der Mesner trägt die Wiege wieder in die Sakristei. Eine Figur des neugeborenen Kindes als Mittelpunkt der weihnachtlichen Festesfreude ist auch noch 1565 dem Ingolstädter katholischen Professor Martin Eisengrein nur in der Kirche bekannt. Jeder, so berichtet er, will zur Zeit der Mitternachtsmesse „diesen unseren Seligmacher beschauen, umfangen, küssen...". Doch nicht nur in der katholischen Kirche drückte sich die Weihnachtsfreude im Aufstellen und im ganz realen Umgang mit einer Figur des Jesuskindes aus – für das Jahr 1608 ist in Hof die Stiftung einer wertvollen, mit einem Röcklein bekleideten Statuette des Jesuskindes für den Altar der protestantischen Michaelskirche belegt; Kinder hatten die alte, wohl als sehr schön empfundene Figur beschädigt, als sie, dem Brauch entsprechend, besuchsweise zum Wiegen in die Familien getragen worden war. [26] Calvinisten wie Johann Fischart stießen sich jedoch an diesem Brauch und verurteilten ihn in ihren Schriften. Im Jahr der Stiftung des neuen Hofer Kindleins – 1608 – bezeichnet ein lutherischer Geistlicher den Brauch als „Götzen- und Narrenwerk: Im Papsttum meinet man, man habe dem Christkindlein wol hofiert und seine Fröhlichkeit zur Genüge sehen lassen, wenn man eine Wiege mit einem hölzern geschnitzten Kind auf den Altar setzet und hernach Jung und Alt als lebendige Götzen sich herumsetzen, das Christkindlein wiegen und den Götzen ansingen." [27] Ob bei solchen Feiern die Wiege tatsächlich von den Anwesenden in Schwung gesetzt wurde, bleibt unklar; denkbar ist genauso der rein gedankliche Vollzug dieser liebevollen Zuwendung für das kleine Kind. Wichtig war vor allem das Empfinden großer Freude über die Geburt des Erlösers, die durch Singen und Tanzen ausgedrückt wurde.

Für den privaten, häuslichen Bereich und für die Art und Weise, wie in bürgerlichen Haushalten im 16. Jahrhundert das Weihnachtsfest begangen wurde, haben wir als ungewöhnlich anschauliche Quelle das Tagebuch des Kölner Advokaten, Burgherrn und Kirchenrats Hermann von Weinsberg (1518–1597). Er schreibt: „Anno 1560 am Christtag bin ich nach St. Laurenz zum Sakrament gegangen, dann haben wir, Volkwin, Jan Hasselborn und unsere Ehefrauen das Kindlein zierlich an den heiligen Tagen gewiegt, denn wir sind alle Abend beieinander gewesen, bald hier, bald da und haben gesungen." [28] Mit Freunden und Verwandten also hat man sich unter Kölner Patriziern in der Weihnachtszeit allabendlich getroffen, um unter Gesang das Jesuskind in den Schlaf zu wiegen.

24 Berliner, wie Anm. 4, S. 16
25 ebenda, S. 16
26 ebenda, S. 17
27 ebenda
28 Johann Jakob Hässlin (Hg.), Das Buch Weinsberg. Aus dem Leben eines Kölner Ratsherrn. München 1961, S. 288 f. Hier in neuhochdeutscher Schreibung

Vorausgesetzt, daß es sich dabei um das tatsächliche Wiegen einer kleinen Figur gehandelt hat, was im Tagebuch nicht ausdrücklich betont wird, ist anzunehmen, daß jede der genannten Familien eine solche Figur mitsamt dem kleinen Möbelchen besaß – wie sonst hätte man den Brauch des Kindlwiegens „bald hier, bald da" ausüben können? Die Familie Weinsberg hielt sehr an den althergebrachten Sitten fest, denn noch zwanzig Jahre später schreibt Hermann: „Anno 1581 den 25. Dezember uff den hilligen Christach... hab ich Hermann, mein broder und sin Hausfraw und mein suster Sibilla und ander gesinde ... den abend im haus Weimbergh under uns das Kindgin gewieget, gesongen und mit Jesulein frohlich gewest." [29]
In Flandern waren kleine, in einem Holzgestell freischwingende Wiegen mit farbig gefaßten und mit Schnitzereien versehenen Seitenteilen und Ständern als „repos de Jesus" schon im ausgehenden 14. Jahrhundert bekannt, ein Jahrhundert später werden sie unter dieser Bezeichnung in Klosterinventaren aufgeführt.[30] Auch Goldschmiede, die auf die Herstellung von kostbaren Reliquiaren spezialisiert waren, haben sich gelegentlich mit der Anfertigung von Christkindwiegen befaßt, wie eine kleine Längsschwingerwiege des 15. Jahrhundert aus der Pfarrkirche Friedberg in der Wetterau beweist, die sich jetzt im Kunstgewerbemuseum Berlin befindet. Trotz der Vielzahl der erhaltenen Miniaturwiegen in Klöstern und Museen läßt sich ihr Ursprung nicht mit Sicherheit klären. Daß das Kindlwiegen mitsamt den dazugehörigen Möbeln aus den Klöstern der Franziskanerinnen und der Dominikanerinnen kommt, steht außer Zweifel. Von der Wiege, welche Margareta Ebner im Jahr 1344 aus Wien zum Geschenk erhalten hatte, wurde schon berichtet – und auch davon, daß man sich darunter keineswegs selbstverständlich ein dreidimensionales Miniaturmöbel mit einer Figur darin vorstellen darf. Immer wieder haben Klosterfrauen im 14. und 15. Jahrhundert Tagebücher und andere Notizen niedergeschrieben, die vom vertrauten Spiel mit dem Jesuskind zur Weihnachtszeit erzählen - von einer Andachtsform, die mystisch-religiöses Fühlen in menschlich-vertrautes Handeln umwandelte.
Dem rein geistigen Kindlwiegen, wie es den Nonnen als beschauliche Andachtsübungen in vielen Anleitungsbüchlein immer wieder empfohlen worden war, war nun ein Requisit beigegeben, das auch weniger empfindsamen Klosterfrauen die Verinnerlichung der Andacht zum Jesuskind erleichterte oder überhaupt erst ermöglichte. Der fürsorgliche Umgang mit dem hilflosen Kind entsprach dem Gemüt mancher Nonne mehr als die abstrakte Meditation. Das traf natürlich auch für das fromme Volk zu, das im eigenen Tun, im Akt des Wiegens, ein besonders starkes Gefühl des Miterlebens der Weihnachtsgeschichte empfinden konnte. Wann die Sitte des Kindlwiegens von den Geistlichen auf einfache Gemeindemitglieder überging, läßt sich nicht mit Sicherheit festlegen. Rudolf Berliner schreibt: „Wir haben keinen Anlaß, anzunehmen, daß sie sehr weit ins 15. Jahrhundert zurückreicht, denn alle sicheren Nachrichten aus jener Zeit beziehen sich noch auf liturgische oder Mysterienspiele durch eigens damit Betraute." [31]
Das Kindlwiegen hat sich als Szene in manchen, in ihrer ursprünglich barocken Form noch bis in das vergangene Jahrhundert hinein aufgeführten Weihnachtsspielen Süddeutschlands erhalten, wenngleich vor allem in musikalischer Hinsicht. In einer Tegernseer Handschrift, die sich an Spiele des 15. Jahrhunderts anlehnt, heißt es als Anweisung: „Zu den weihnachten der froelich ympnus A solis ortus cardine, Und so man daz kindel wigt über das Resonet in laudibus, hebt unser vraw an ze singen in ainer person: joseph lieber neve mein..." [32]
In unserem Jahrhundert wurde der Brauch des Kindlwiegens mancherorts wieder aufgenommen: Ministranten gehen an den Weihnachtsfeiertagen mit einer kleinen, meist recht einfachen Wiege und einem gewickelten Jesuskind darin von Haus zu Haus und stellen sie auf den Tisch; bei weihnachtlichen Wiegenliedern darf dann jedes Familienmitglied das Jesuskind in den Schlaf wiegen.

29 Buch Weinsberg. Publikation der Gesellschaft für rheinische Geschichtskunde XVI. Bd. II. Leipzig 1887, S.112
30 Edmond Niffle-Anciaux, Les repos de Jesus et les berceaux reliquaires. Namur 1896
31 Berliner, wie Anm. 4, S.16
32 Zitiert bei August Hartmann, Weihnachtslied und Weihnachtsspiel in Oberbayern. In: Oberbayerisches Archiv 34/1875, S. 23

9 Stehendes Jesuskind
(Kat. Nr. 40)

Der Knabe auf dem Altar

Vielleicht hat diese vielfach als allzu weltlich-menschlich empfundene Festesfreude um das Kind in der Wiege zu seiner allmählichen Ablösung durch die Figur des auf dem Altar stehenden Jesusknaben geführt: Nicht das Neugeborene in seiner menschlichen Hilfsbedürftigkeit sollte Mittelpunkt der Verehrung sein, sondern der kindliche Herrscher. Schon im 15. Jahrhundert erscheint die Gestalt des kindlichen, nackten, stehend dargestellten Welterlösers festgelegt. Der Knabe steht eindeutig mit festem Stand- und leichtem Spielbein, seine Rechte vollzieht den Segensgestus, auf seiner Linken ruht die Weltkugel oder der Reichsapfel, zuweilen trägt er ein Zepter. Ringellocken umrahmen das kindliche Gesicht. Diese Figuren, die in allen deutschen Kunstlandschaften nachweisbar sind, haben meist eine Größe zwischen 20 und 50 cm. Zum Ende des Jahrhunderts formt sich aus diesen bisher regional recht unterschiedlich ausgeprägten Skulpturen in den Niederlanden ein festgefügter Typus des Jesuskindes als Andachtsbild: es ist nackt, steht aufrecht, hat Locken und lächelt, trägt die Weltkugel und ist auf einem Sockel montiert. Diese niederländischen Jesuskindfiguren des späten 15. Jahrhunderts, die offenbar in großer Zahl gefertigt worden waren, sind noch heute weit verstreut überliefert und können in zahlreichen Kirchen, Klöstern und Museumssammlungen betrachtet werden. Ursprünglich waren viele von ihnen im Besitz geistlicher Frauen, vermutlich dienten manche aber auch der privaten Andacht vornehmer Familien. Zur gleichen Zeit entstand auch der Typus des Jesuleins, das dem Betrachter zwischen Daumen und Zeigefinger einer Hand eine einzelne Weintraubenbeere anbietet. Diese Traubenbeere – zuweilen von einer ganzen Traube in der anderen Hand gerade abgepflückt – ist nicht nur Zeichen für die Passion, sondern zugleich auch Hinweis auf die in der Eucharistie vollzogene Wandlung von Brot und Wein in den Leib und das Blut Christi; die dargebotene Traubenbeere lädt den Betrachter zum Abendmahl ein. [33]

Der nackte Jesusknabe mit der Weintraube stellt eine Zusammenschau von Menschwerdung und Passion in einer einzigartigen Bildgestalt dar, die – im 15. Jahrhundert entstanden – in Italien noch im 19. Jahrhundert begegnet. Manchmal allerdings scheint die Bedeutung der dargebotenen Beere zwischen den Fingern des Kindes gerade bei diesen späten und sehr volkstümlichen Figuren nicht mehr verstanden worden zu sein, denn sie wurde vielfach in der Inkarnatsfarbe der Hände mit übermalt und nicht im ursprünglichen dunklen oder rötlichen Blau gehalten.

10 Sitzendes Jesuskind (Detail)
(Kat. Nr. 30)

33 Vgl. hierzu: Hans Peter Hilger, Das Jesuskind mit der Weintraube (= Bayerisches Nationalmuseum Bildführer 19). München 1991, S. 18

11 Kupferstich: Neujahrsgruß
Um 1500

13 Spickelbild: Neujahrsgruß
München, um 1800
(Slg. Kriss, Inv. Nr. Kr. H 5891)

12 Holzschnitt: Neujahrsgruß
Um 1465

Das Jesuskind als Bote der Neujahrswünsche

Ebenfalls gegen Ende des 15. Jahrhunderts schmücken Darstellungen des nackten oder nur mit einer Windel bekleideten, stehenden oder auch sitzenden, mit einem Vogel spielenden oder die Sphaira tragenden Jesusknaben gedruckte Neujahrswünsche, die zwischen Klosterleuten, aber auch unter vornehmen Familien überbracht wurden. (Abb.11). Vermutlich hat die mehrmalige Verschiebung des kirchlichen Jahresanfangs zu dieser Verbindung von Neujahrsfest und Jesuskind als Bote der guten Wünsche geführt. Die frühe Kirche feierte den Beginn des Kirchenjahres am 6. Januar - im Gegensatz zu dem im Jahr 153 v. Chr. eingeführten römischen Jahresanfang am 1. Januar. Über Jahrhunderte hin vollzog sich eine Verschiebung auf den Weihnachtstag, der schließlich im Jahr 1310 auch offiziell von der Kirchenversammlung bestätigt wurde und an dem auch Martin Luther im frühen 16. Jahrhundert noch festhielt. Bis zur Einführung des Gregorianischen Kalenders im Jahr 1582 bildete der Weihnachtstag den Beginn des Neuen Jahres, erst Papst Innozenz XII. verlegte den Jahresbeginn im Jahr 1691 wieder auf den 1. Januar. Der schon zitierte Hermann von Weinsberg notiert 1564 in seinem Tagebuch: „Am 25. Dezember war Christtag, da fängt nach kölnischem Gebrauch ein neues Jahr an; hab zu St. Jakob kommuniziert, meine Hausfrau bei den Minderbrüdern.“ [34] Auch der Austausch von Geschenken war zuerst eine Neujahrsbrauch, sollten diese doch Glück und Reichtum für das kommende Jahr symbolisieren. Die Verbindung zwischen Neujahrswunsch und Jesuskinddarstellung begegnet beipielsweise im vor 1500 enstandenen Graduale von Taisten, einer der bedeutendsten illuminierten Handschriften Tirols. Hier ist das auf einer Blütenranke stehende, nackte Jesuskind mit Nimbus und Sphaira von zwei lebhaft bewegten Spruchbändern umgeben, welche die Aufschriften tragen: „Ein gut' selig's newes iar amen. Ego sum alpha et o“. [35]

Die meisten der zahlreich erhaltenen graphischen Neujahrswünsche sind keinem bestimmten Meister zuzuordnen, gemeinsam ist ihnen aber die stets wiederkehrende Bildgestalt: sie zeigen das Jesuskind zumeist nackt oder nur mit einem Hemdchen bekleidet, wie es einer Blume entsteigt oder auf einer blühenden Wiese, umgeben von Vögeln und Insekten, sitzt. Oft hält es einen Kuckuck als Glücksvogel liebkosend in den Händen, (Abb.12) zuweilen ist ihm bereits das Kreuz oder ein anderes Symbol seiner Passion beigegeben. Bis ins 18. Jahrhundert hinein, als der Jahresbeginn längst auf den 1. Januar festgelegt war, findet man das Jesuskind als Wunschboten zum Neuen Jahr auf Andachts- und Glückwunschbildchen, auf Neujahrszetteln und privaten Briefen zum Jahreswechsel (Abb.13). Bekannte Kupferstecher aus dem süddeutschen Raum haben noch gegen 1800 das Jesuskind als Überbringer der Neujahrswünsche gewählt und ihre kleinen Bildchen mit Versen geschmückt wie: „Du bietest mir, o göttlich's Kind! zu einem neuen Jahr, / welch Übermaß der Lieb'!/, dein Herz, als eine Schenkung dar.“ [36] Die letzten Spuren dieser ehemals selbstverständlichen Verbindung von Jesuskind und Neujahrswunsch findet man noch in den vielfach überlieferten, gereimten Neujahrswünschen des Alpengebietes, in denen es so oft heißt: “... wir wünschen ein gut's neues Jahr / und ein Christkindl im krauseten Haar...“.

34 Buch Weinsberg, wie Anm. 28, S. 321 f
35 Karl Wolfsgruber, Das Graduale von Taisten. In: Der Schlern 29, Bozen 1955, S. 102/103)
36 Franz Leskoscheck, „s'Christkindl im krausten Haar. Geschichte und Sinndeutung eines Bildmotivs. In: Österreichische Zeitschrift für Volkskunde, Wien 1959, S. 193

Eine neue Blüte der Jesuskindmeditationen

14 Stehendes Jesuskind (Detail)
(Kat. Nr. 54)

Anknüpfend an die meditativen Übungen ihrer Vorgängerinnen im hohen und späten Mittelalter, die in einer inneren Schau große Freude im zärtlichen Umgang mit dem Jesuskind empfanden, übten sich viele Klosterfrauen des 17. und 18. Jahrhunderts neben dem ganz realen Umgang mit Jesuskindfiguren verstärkt in der gedanklichen Hinwendung zur Geburt Christi in ganz neuen, außergewöhnlichen Formen. Dieser „geistliche Krippenbau" wurde angeregt durch Schriften mit Titeln wie etwa „Stella Natalitia / Weyhenacht oder ChristStern / Das ist:/ Ein Schatz / voller Christlicher / Catholi- / scher... Gebett...".
In diesem im Jahr 1625 in Ingolstadt erschienenen Band von Christophorus Marianus verbirgt sich auch das 25 Jahre später in Konstanz noch einmal separat erschienene „Puerperium Marianum: Unser Lieben Frawen Kindelbeth" mit ausführlichen Anleitungen zu Meditationen über die Schwangerschaft Mariens, über die Geburt Jesu und die Versorgung des Neugeborenen. Besonders die 24 Tage des Advent dienten der geistigen Vorbereitung; so empfiehlt der „Geistliche Krippen-Bau" von 1728 am 1. Tag „im Herzen eine würdige Herberge und Wohnung bauen", am 2. Tag „für Jesus ein Kripplein vorbereiten", am 3. Tag „Heu ins Kripplein hineinlegen",... am 6. Tag „um das Kripplein einen Liebeszaun flechten",... am 8. Tag „das Kripplein mit warmen Decken versehen",... am 16. Tag „Esel und Ochs in den Stall führen", ... am 19. Tag „dafür sorgen, daß das Dach in Ordnung ist", ... am 23. Tag „mit Maria in den Stall gehen", am 24. Tag „mit der Jungfrau Maria bitten, an diesem Tag ihr Kind zu sehen, und Gott bitten, daß er der Welt seinen eingeborenen Sohn offenbare." [37]
Die Pflege des Kindes nach der Geburt wurde ebenfalls zeitlich exakt eingegrenzt; sie bestand in einem sechswöchigen „Kindbett" mit Vorschriften zur Ernährung des Kindes, zu seinem Bad, das nicht mit Wasser, sondern mit Tränen bereitet werden sollte, die wegen des Leids und des Elends vergossen wurden, für die Anfertigung seiner Windeln, die aus guten Taten gewebt sind, und zu seiner Bekleidung; hier wird vorgeschrieben, „wie man dem zarten Kindlein ein schönes Hembdlein machen soll", nämlich „aus zartem weißem Tuch (Reinheit des Leibes und des Geistes); mit zwei Ärmeln (rechter Ärmel: Begierde nach den Dingen Gottes; linker Ärmel: sich in Tugenden und guten Werken üben); mit goldig-schwarzen Borten verzieren (Schwarz: Elend auf Erden; Gold: göttliches Licht)." [38]
All diese Anleitungen beziehen sich auf Tugendübungen, die ausschließlich im Geiste vollzogen wurden. Klösterliche Ideale wie Armut, Demut, Keuschheit und Gehorsam werden dabei immer wieder betont.
Das Herz der Nonne als Symbol für den Stall zu Bethlehem, das mit Hilfe dieser Anleitungen bereitet werden soll, war schon der hl. Gertrud in ihren Offenbarungen als Ort der Geburt Jesu gezeigt worden; sie bat Gott am Tag vor Weihnachten „er möchte, gleichwie er sich nicht geschämt habe, in einem Stall geboren zu werden, eben so auch ihr Herz bereit machen, damit er darin geboren werde." [39]

37 Mathilde Tobler, Geistlicher Krippenbau. Weihnachtliche Frömmigkeit in Innerschweizer Frauenklöstern. In: Jahrbuch der Historischen Gesellschaft Luzern, Bd. 6/1988, S. 34/35
38 ebenda
39 ebenda, Anm. 8

15 Stehendes Jesuskind
in violettem Kleid
(Kat. Nr. 56)

Dennoch der Prachtliebe des Barock verpflichtet, schreiben solche Anleitungen daneben die – ebenfalls nur gedankliche – Ausstattung des Knaben mit kostbarstem Schmuck vor, ganz so, wie man auch tatsächlich Figuren des Kindes wie kleine Könige in Brokat gehüllt und mit Geschmeide behängt hat.
Die drei Schmuckstücke, die dem Knaben auf geistige Weise verehrt werden sollten, waren nach dem Büchlein von 1728 „ein Halsband mit sieben Edelsteinen, ein Kreuzlein mit vier Rubinen und drei Diamanten und ein goldenes Ringlein mit einem Diamanten und fünf Rubinen“ [40]

Nicht alle Klosterfrauen waren imstande, sich rein meditativ mit der frühesten Kindheit des Jesusknaben zu beschäftigen; vielen war eine Darstellung des Jesuskindes – und sei es nur ein kleines Andachtsbildchen – eine wertvolle Hilfe bei ihrer Versenkung in das Leben Jesu. Waren gar Kleinskulpturen des Kindes vorhanden, konnte das geistige Erlebnis der körperlichen Nähe des Kindes mit Herzen und Küssen, mit Zwiesprache und Tadel für das unfolgsame Kind leicht zum äußerst realistischen Umgang mit ihm werden.

40 Tobler, ebenda, S. 35

Jesuskindfiguren in den Klosterzellen – Trösterlein und Himmlischer Bräutigam

Mit der Blüte der Renaissance wuchs die Zahl der Jesuskindfiguren ins unermeßliche. Nicht mehr nur aus Holz geschnitzt und mit farbiger Fassung versehen, begegnen sie jetzt, sondern auch aus Bronze gegossen, aus Elfenbein geschnitzt, aus Wachs und Ton modelliert, ja sogar aus Pappmaché, italienisch Cartapesta, und aus Porzellan geformt.
Die romanischen Länder lösen nun die Niederlande als Herstellungszentren ab – aus Italien, Spanien und Portugal kommen viele der heute über ganz Europa verbreiteten kleinen und großen Figuren des Jesuskindes in klösterlichem wie in privatem Besitz.
Die große Zahl der nachmittelalterlichen Figuren dürfte auf den seit dem 16. Jahrhundert bindenden Brauch der Frauenklöster zurückzuführen sein, daß Familien und weitere Angehörige jeder jungen Novizin beim Eintritt in die Gemeinschaft ein „Trösterlein", einen „Himmlischen Bräutigam" mitzugeben hatten. Die erstgenannte Bezeichnung spielt auf das oft sehr geringe Lebensalter der Novizinnen beim Eintritt ins Kloster an; manche waren erst 12 oder 13 Jahre alt und hatten deshalb ein Trösterlein wohl nötig, das mithalf, den Abschied von Eltern und Geschwistern zu ertragen. Der „Himmlische Bräutigam" dagegen – auch „Seelenbräutigam" genannt – verweist auf die mystische Vermählung der jungen Nonne mit Christus bei ihrem Eintritt ins Kloster. Solche Figuren stellten zuweilen – vor allem durch ihre reiche Ausstattung mit Schmuckstücken – einen hohen Wert dar; sie waren die Morgengabe der jungen Nonne an das Kloster, sie bildeten das Equivalent für ihr Heiratsgut.
Als eine Tochter der schon mehrfach zitierten Patrizierfamilie Weinsberg im Jahr 1567 in den Konvent Maria-Bethlehem in der Kölner Reimersgasse eintrat, notierte ihr Vater „Wir hatten alle einen Jesus gegeben, war kein schönerer im Kloster, mit einem schwarzen Sammetrock, darauf waren köstliche goldene Blumen aufgenäht, hatte ein Halsband mit einem goldenen Kreuz, darinnen war Heiltum vom Kreuz Christi, von der Erde, worauf er Wasser und Blut geschweißt, vom Grab Christi, von den elftausend Jungfern und anderes Heiltum, wie innen drin auf einem Zettelchen aufgeschrieben war. Dies Kreuz hat vor Zeiten ein edler Ritter in den Kriegen am Hals geführt. Der Jesus hat

16 Stehendes Jesuskind in cremefarbenem Kleid (Kat. Nr. 57)

viel gekostet, meine Hausfrau hat's vorgelegt und noch nicht mit mir abgerechnet." [41]
Das 17. und dann besonders das 18. Jahrhundert brachte die Blüte in der Herstellung und Verwendung der meist sehr prächtig ausstaffierten Jesuskindfiguren in den Frauenklöstern. Diesen Figuren, die den etwa 1 ½- bis 2-jährigen Knaben darstellen, ist oft ein kleiner Thronsessel als adäquater Sitzplatz für den kindlichen Herrscher beigegeben. Es scheint, als

17 Stehendes Jesuskind in goldbesticktem Kleid (Kat. Nr. 61)

gehöre der Brauch, die kleinen, meist wie Gliederpuppen gearbeiteten Figürchen auf ein kostbares, mit Schnitzereien verziertes und mit Samt oder Brokat gepolstertes Stühlchen zu setzen, ausschließlich in die Zeit des späten 17. und vor allem des 18. Jahrhunderts. Zu dieser Zeit wurden die Figürchen bei bestimmten Feierlichkeiten tatsächlich mit an den Tisch gesetzt. So etwa im Solothurner Kapuzinerinnenkloster, wo der 2. Januar, der Namen-Jesu-Tag, noch bis in die Fünfziger Jahre folgendermaßen ablief: Das auf seinem Stühlchen sitzende Jesuskind mit Seidenkleid und Echthaarperücke wurde am Vormittag von der Sakristanin ins Refektorium getragen und auf einen bestimmten Tisch gestellt. Damit sie seine Weihe erhielten, wurden vor ihm verschiedene Speisen auf einem Gedeck ausgebreitet. Beim anschließenden Mittagessen brachten die Tischdienerinnen von jeder Speise zuerst dem Jesusknaben eine Portion, die später an der Klosterpforte an Bedürftige ausgegeben wurde. Im Laufe der Mahlzeit schenkte die Oberin dem Jesuskind in ein kleines bemaltes Gläschen Weißwein; stellvertretend stieß sie damit dann mit einer Nonne an. Schließlich formierte sich eine Prozession zum Chor der Klosterkirche, wo alle Mitglieder der Gemeinschaft von der Oberin mit dem Jesulein gesegnet wurden; die Figur verblieb den Festtag über auf dem Altar. Das ganze Jahr aber hatte das Jesuskind, das einen Profeßring und je nach dem Zeitpunkt im Ablauf des Kirchenjahres ein andersfarbiges Kleid trug, einen Ehrenplatz zwischen der Frau Mutter und ihrer Stellvertreterin.[42]

Aus einem anderen Kapuzinerinnenkloster in der Schweiz, aus St. Scholastika in Tübach, wird berichtet, welch bedeutende Rolle im Ordensleben ein mit einem gelben Brokatgewand angetaner kleiner „Bräutigam" noch bis etwa 1960 spielte. Vor der Einkleidung und Profeß, während der achttägigen Exerzitien, wurde er von der Novizenmeisterin heimlich in die Zelle der angehenden Nonne gebracht. In der einen Hand hielt er dann einen kleinen Krapfen, der für die Braut bestimmt war, und in der anderen einen Zettel mit folgender Aufschrift: „Komm mein liebes Kind, ich erwarte Dich mit Sehnsucht. Komm nur mit Vertrauen. Ich habe dich zu meiner Braut ausersehen. Voll sind meine Hände von Guttaten, gern will ich Dir mitteilen, wenn Du nur recht viel verlangst. Alle Deine Mängel will ich ersetzen, wenn Du Dich mir nur ganz hingibst. Wisse, daß ich Dir in meinem Dienste nicht das Geringste unbelohnt lasse. Ja, komm doch mein Kind mit großer Freude." Ehe die Figur wieder aus der Zelle entfernt wurde, wurde der Zettel noch einmal heimlich ausgewechselt; er lautete nun: „Ade, mein liebes Kind. Leb wohl. Du bist mit mir ganz ausgesöhnt. Bleib jetzt immer recht brav. Werde nur nie untreu. Bewahre mir ein reines Herz, dann komme ich morgen früh wieder in Dein Herz und nie mehr will ich Dich verlassen. Ewig werde ich Dein und Du ganz mein sein." [43]

Ebenfalls noch bis in die Fünfziger Jahre unseres Jahrhunderts wurde im Kloster St. Johann im Gnadenthal in Ingolstadt allsonntäglich für ein sitzendes Trösterlein ein eigenes Tischchen aufgestellt und mit Teller, Löffel, Gabel und Messer gedeckt; Speisen wurden jedoch nicht aufgelegt. Der Brauch endete hier erst mit dem Tod derjenigen Schwester, die das Miniaturgeschirr in Verwahrung hatte.

41 Buch Weinsberg, wie Anm. 28, S. 345 f.
42 Briefliche Mitt. von Sr. Victoria Werner aus dem Jesuskloster Solothurn, 1978
43 Briefliche Mitt. von Sr. M.Consolata Koller im Kapuzinerinnenkloster St. Scholastika in Tübach, 1978

Kostbare Kleider für das Jesuskind

18 Kleiderschrank der Jesuskinder aus der Sammlung Hiky Mayr

Das Bekleiden von Bildwerken läßt sich nach dem Zeugnis der erhaltenen Textilien wie auch der Urkunden bis in das späte Mittelalter zurückverfolgen. Neben Andachtsbildern wurden vor allem Gnadenbilder – kultisch verehrte Darstellungen der göttlichen oder heiliger Personen – mit einer textilen Verhüllung geschmückt. Gerade diese Kultbilder erhielten über die Jahrhunderte ihrer Verehrung immer wieder neue Gewänder, so daß sich nur sehr wenige frühe Bekleidungen erhalten haben.

Die frühesten bekannten Hinweise beziehen sich auf Marienmäntel, die in der 2. Hälfte des 14. Jahrhunderts von wohlhabenden Witwen an das Gnadenbild der Lübecker Marienkirche geschenkt wurden.[44] Diese frühen Bekleidungen von Gnadenbildern hatten oft einen eher schürzenartigen Umriß, jedenfalls nahmen sie kaum Rücksicht auf die vorgegebenen Gewandformen der Figuren. Sie dienten auch nicht in erster Linie der Verschönerung der Skulpturen, sondern sollten vielmehr als eine Art Weihegabe den Schutz Mariens oder der jeweils damit beschenkten Heiligen auf den Schenker lenken. Anders war es bei den schon sehr früh ebenfalls bekleideten Jesuskindfiguren, deren Gewänder, nach Schnitt und Verzierung zu urteilen, stets zum An- und Ausziehen gedacht waren. Eines der ältesten bekleideten Gnadenbilder überhaupt ist das Sarner Kindli im Benediktinerinnenkloster in Sarnen im schweizerischen Unterwalden aus der Zeit um 1360, das 1615 bei der Verlegung des Engelberger Klosters dorthin mitgenommen wurde. Auch dieses Jesulein weist, wie das ähnlich frühe Beispiel in Maria Medingen, eine „unsichere" Fußstellung mit einem gestreckten und einem leicht angezogenen Bein auf – das heißt, es konnte liegend,

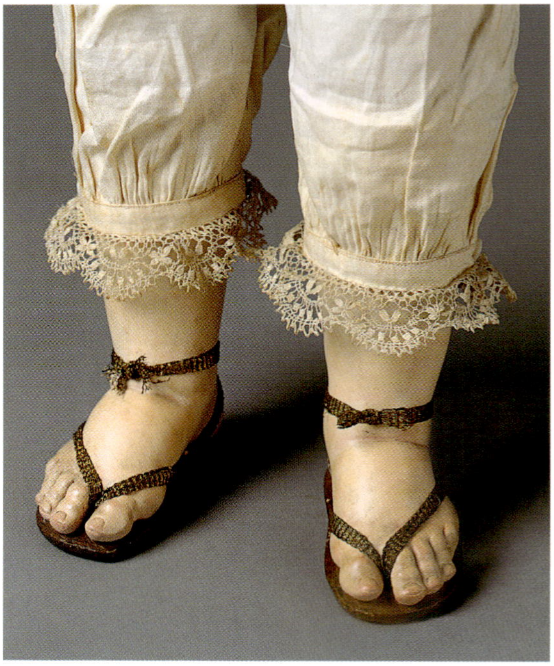

19 Detail aus Kat. Nr. 91

44 Hans Wentzel, Bekleiden von Bildwerken. In: Reallexikon zur Deutschen Kunstgeschichte, Band II, Stuttgart 1948, Sp. 219-225

aber auch stehend präsentiert werden. Dieses Jesuskind soll von der ungarischen Königin Agnes (1281–1364) ein Kleid – ihr Hochzeitskleid? – als Geschenk erhalten haben; es ist dicht mit Zierat besetzt, der sicher ins 14. Jahrhundert datiert werden kann. In der Folgezeit haben die Schwestern die Garderobe des Kindes stetig bereichert, so daß es noch heute über eine Vielzahl kostbarer Gewänder verfügt. Gegen Ende des 15. und zu Beginn des 16. Jahrhunderts wurden die vor allem in den Frauenklöstern der norddeutschen Küstenländer sehr verbreiteten und dort auch nach der Reformation noch verehrten Brabanter Jesusknaben, gegen deren Nacktheit etwa der Theologe und Kirchenhistoriker Johannes Molanus (1533–1585) polemisiert hatte, vermutlich nicht schon vom Bildhauer, sondern auch erst in den Klöstern von den damit beschenkten Nonnen mit Gewändern versehen. Eines der ältesten Jesuskinder aus dieser Gruppe südniederländischer Figuren mit originaler Bekleidung wird bis heute auf den Philippinen als Gnadenbild hoch verehrt: es ist das berühmte Jesuskind von Cébu, eine Figur vom Typus des Kindleins in der Herrschaft. Im Expeditionsbericht des Miguel Lopez de Ligazpi von 1565 wird von einem Jesuskind im „chemisette à volant“ und mit einem Samt- oder Plüschhut „wie jene aus Flandern“ berichtet, das die Königin Mazzava von Cébu im Jahr 1521 von Magellan als Geschenk erhalten hatte. Neben einer Juwelenkrone besitzt das Cébu-Kindlein noch heute eine ganze Reihe wertvoller Gewänder. Auch einige weitere Jesulein in norddeutschem Besitz haben noch Gewänder, die möglicherweise ins 16. Jahrhundert datiert werden dürfen oder die zumindest auf ihren heutigen Kleidern applizierte Auszierteile dieser Zeit zeigen. Die Gewänder sind aus kostbaren Stoffen – zum Beispiel italienischen Granatapfelsamten – angefertigt und mit Perlen und ausgestanzten Schmuckblechen bestickt. Die Kleider haben Schlitze zum Durchführen der Ärmchen; darunter werden stets Leinenhemden getragen, deren Ränder oft mit Klöppelspitzen besetzt sind. Auf den geschnitzten Ringellocken der Jesulein sitzen häufig ausladende Kronen, die in ihrer Auszier mit farbigen Glas- und auch Flußperlen und allerlei Flitter an Hochzeitskronen erinnern. [45]

Aus der Plauener St.-Johannis-Kirche wird berichtet: „Anno 1649 am heiligen Christtag hat herr Johann Zürner amptschösser mit seinen drei Kindern das

20 Stehendes Jesuskind in blauem Mantel (Kat. Nr. 67)

45 Maritheres Gräfin Preysing, Über Kleidung und Schmuck von Brabanter Christkindfiguren. In: Documenta Textilia. Festschrift für Sigrid Müller-Christensen. München 1981, S. 349-356

Christkindlein mit schönem rothem Scharlach, mit güldenen Spitzen verbrämt und auch mit einem schönen weißen Hembdlein, mit Silberspitzen belegt, kleiden lassen auch einen schönen Kranz mit einem silbern schienlein und die Nelken übergüldet machen lassen, zu welchen er secheinhalb schock Perlen gegeben hat.“ [46]

Wieviel kostbare Materialien zum Bekleiden des Himmlischen Bräutigams verwendet wurden, den die junge Anna Ernestine von Thun, eine Nichte des Salzburger Erzbischofs Ernst von Thun im Jahr 1704 mit auf den Nonnberg brachte, wissen wir aus den Aufzeichnungen des Herstellers; er notierte: „...7 ellen fein goldene spiz zum röckhl vnd mandele so gewogen 4 loth à 2 fl. 1 = 9 fl. 33 kr.-2/3 eln panso-bigl (Ponceau = maschen) toplet taffet = 2 fl.1/2 eln camer leinwath zum hemeil... Das haar-paregel (perrückel) ist von ihrem eignen harr im closter gemacht worden.“ [47]

Jesuskinder im klösterlichen und kirchlichen Bereich besaßen und besitzen zum Teil auch heute noch Garderobe in den liturgischen Farben. Das Umkleiden nach der im Ablauf des Kirchenjahres für Priester-gewänder und Altarausstattung festgelegten Farbigkeit wurde vor allem bei Jesuskind-Gnadenbildern geübt. Sie waren auch stets die Empfänger von kostbaren Kleidergeschenken, die von den Gläubigen als Weihegaben dargebracht wurden. Jedes neue Geschenk bereicherte die vorhandene Garderobe, alle Kleider wurden sorgfältig aufbewahrt. So besitzt beispielsweise das Prager Jesulein heute mehr als 80 Gewänder, von denen einige jüngere aus China, von den Philippinen und aus anderen weit entfernten Teilen der Welt kommen und dadurch die weltweite Verehrung dieses Gnadenkindleins bezeugen. Dabei ist es selbstverständlich, daß diese Kleider aus den in ihren Ursprungsländern üblichen Materialien hergestellt und in traditionellen Techniken mit typischen Mustern ausgeziert sind.

Jesuskinder im privaten Besitz verfügten sicherlich nie über eine so umfangreiche Garderobe, auch dürften bei ihren Kleidern die liturgischen Farben so gut wie keine Rolle gespielt haben. Diese Figuren wurden vielmehr immer wieder mit neuen Gewändern versehen, um sie, wohl oft in kurzen Abständen, noch schöner und prächtiger aussehen zu lassen. Dabei ersetzten die neuen Kleider die alten, die so gut wie nie aufbewahrt wurden. Deshalb tragen heute viele dieser ursprünglich als häusliche Andachtsbilder dienenden Jesuskinder Kleider, die viel jünger sind als die Figur selbst. In manchen Fällen ist an den verwendeten Materialien deutlich abzulesen, daß man sich Reste von Stoffen für kirchliche Gewänder zum Bekleiden der kleinen Figuren besorgt hat; manchmal war es wohl auch ein ausgedientes Meßgewand, dessen gute Teile noch für ein Jesuskindkleid Verwendung finden konnten. Andere Gewänder häuslicher Jesuskind-Andachtsfiguren wurden mit großer Sorgfalt und mit viel Geschick bestickt; dazu verwendete man meist einfarbigen Seidenstoff als Grund und Gold- und Silberfäden, zuweilen auch farbige Seidenfäden, als Stickmaterial. Als zusätzliche Auszier kamen farbige Glassteinchen, Perlen oder Metallpailletten hinzu. Oft findet man kleine Blütenarrangements aus Bouillondraht in der Hand oder aufgenäht

21 Sitzendes Jesuskind (Detail)
(Kat. Nr. 81)

46 Christian Rietschel, Das Bornkind. In: Die Weihnachtskrippe. Berlin 1973, S. 22
47 Österreichische Kunsttopographie Bd. VII, Wien 1911, S. 108 ff.

22 Sitzendes Jesuskind (Detail)
(Kat. Nr. 74)

auf die Kleidung der Jesuskinder, die eindeutig aus der Verzierung von Reliquien oder Heiligenbildern des 18. Jahrhunderts stammen; sie wurden als besonders wertvolle Ausstattungsstücke aufbewahrt und – auch wenn der Stoff des Kleides erneuert wurde – wieder daran befestigt.
Das Umkleiden der Jesuskinder im privaten, häuslichen Besitz hatte nicht die rituelle Bedeutung, wie das beim Gewandwechsel von Jesuskind-Gnadenbildern der Fall war. Hier ging es ausschließlich um die Verschönerung der Figur, um die immer reichere Ausstattung, um die persönliche Hinwendung zum Jesuskind, die besonders nachdrücklich durch seine Bekleidung zum Ausdruck gebracht werden konnte. Ob die Gewänder dieser Jesulein immer von ihren Besitzerinnen selbst angefertigt wurden, läßt sich nicht sagen; in vielen Fällen erscheint gerade die Stickerei zu professionell, als daß man sie sich als liebevolle, aber laienhafte Handarbeit vorstellen könnte. Vermutlich konnte man solche Gewänder bei ausgebildeten Stickerinnen, und möglicherweise auch in Frauenklöstern, in Auftrag geben.

23 Kupferstich: S. Bambino di Araceli.
Rom, 18. Jahrhundert

Der Bambino von Aracoeli

Für Italien – und ausgehend von dort in der ganzen Welt verbreitet – ist der gewickelte und dennoch aufrecht stehende Bambino di Aracoeli das bedeutendste Jesuskind-Gnadenbild. Wie schon viele Male zuvor in seiner wechselvollen Geschichte wurde der Bambino im Jahr 1994 gestohlen und bis heute nicht zurückgebracht. In früheren Zeiten hatten seine Ausflüge meist nicht lange gedauert, einmal allerdings soll er sechs Jahre fern von seiner Kirche gewesen sein. Jetzt steht eine Kopie an seinem Platz im Altar der Cappella del S. Bambino in der Franziskanerkirche S. Maria in Aracoeli. Sie folgt dem geläufigen Typus der 62 cm großen Figur mit den unter der aufwendigen Wickelung verborgenen Armen, wobei das rechte Händchen sichtbar auf der Brust liegt, dem großäugigen, etwas pausbäckigen Kindergesicht mit der fast erdrückenden Krone; auch dieses Jesuskind zeigt eine „unsichere Fußstellung", das heißt, es konnte sowohl liegend als auch stehend präsentiert werden. (Abb. 23)

Der Name der Kirche „Altar des Himmels", der später auch auf die kleine Figur des Jesuskindes übertragen wurde, führt in die Antike zurück, denn die Legende erzählt von der Vision der Geburt Christi, die der römische Kaiser Augustus Octavian (63 v. Chr. –14 n. Chr.) im 35. Jahr seiner Herrschaft erlebte. Als nämlich die Senatoren, in übermäßiger Verehrung seiner Weisheit und seiner Macht, ihn wie einen Gott ehren wollten, er selbst jedoch seine Sterblichkeit erkannte, rief er die Weissagerin Sibylla, damit sie ihm sage, ob jemals ein Mensch würde geboren werden, der größer sei als er. Als Sibylla in Anwesenheit des Kaisers und der Senatoren das Orakel befragt, erscheint um die Sonne ein strahlender, goldener Kreis; darin sitzt eine junge Frau in rotem Gewand mit blauem Mantel, auf ihrem Schoß ein nackter Knabe, von dem ein blendender Schein ausgeht; zu ihren Füßen ist ein Altar zu sehen. Eine fremdartige Stimme ist deutlich mit dem Satz „Dies ist ein Altar des Himmels" zu vernehmen. Sibylla spricht zu Octavian „Dies Kind, Kaiser, ist größer denn du, darum sollst du es anbeten!" Der Ort dieser Weissagung erhielt den noch heute gültigen Namen „Ara coeli". Dies alles, so berichtet die „Legenda aurea" des Minderbruders und späteren Erzbischofs von Genua, Jacobus de Voragine (1230–1298), geschah am Tag, nachdem den Hirten auf dem Feld in Bethlehem der

24 Das Jesuskind von Aracoeli
(Kat. Nr. 105)

Engel erschienen war und ihnen die Botschaft von der Geburt des Jesuskindes überbracht hatte. [48]
Wie weit die Verehrung des Jesuskindes in der Kirche auf dem Kapitol zurückreicht, aus welcher Zeit die zuerst dort aufgestellte Figur stammte, woher sie kam - ob aus Italien oder gar, wie in vielen Legenden vermutet wird, aus dem Heiligen Land -, keine Quelle gibt wirklich verläßlich Auskunft darüber. Möglicherweise aber führt uns der Bambino von Aracoeli zurück zur Weihnachtsfeier des hl. Franz, die bald nach seinem Tod in ihrem Ablauf bindend wurde für alle Klöster seiner Brüder. Die Figuren nämlich, von denen angenommen werden darf, daß sie bei solchen Weihnachtsfeiern Verwendung fanden, vertreten denselben Typus wie der Bambino von Aracoeli; sie konnten wie er - außerhalb der Feier der Geburt Christi - als Andachtsbild an einem speziellen Platz in der Kirche aufgestellt werden. Der Urtypus der Figur ist stilistisch in das 15. Jahrhundert zu datieren.
Die Legende erzählt freilich, daß das Jesulein von einem Bettelmönch im Heiligen Land aus dem Stamm eines Olivenbaums vom Ölberg geschnitzt und von ihm im Jordan getauft worden sei. Als er nach Rom zurückberufen wurde, nahm er die Figur mit aufs Schiff. Eine Schrift aus dem Jahr 1647 berichtet hierüber und auch von einem fürchterlichen Seesturm, der die Schiffsmasten brechen und die Segel zerreissen ließ. Hohe Wellen hätten einen Teil der Ladung über Bord gespült, darunter auch die Kiste mit der Figur. Diese aber sei auf unerklärliche Weise an der Küste des Tyrrhenischen Meeres südlich von Rom angeschwemmt worden. Legenden wie diese ranken sich um zahlreiche Gnadenbilder; sie sollen die Authentizität der Skulpturen aufgrund ihrer Herkunft aus dem Heiligen Land beweisen.
Der erste schriftliche Hinweis auf die Figur des Santo Bambino d'Aracoeli, der bisher gefunden werden konnte, bezieht sich nicht einmal direkt auf sie, sondern auf ein Jesuskind im Konvent von Santa Chiara in Florenz, das eine Nonne Bernardina Rondi beim Brand des Klosters im Jahr 1523 als einziges retten konnte; es heißt hier, das dortige Jesulein soll zur selben Zeit und nach dem Vorbild des Bambino von Aracoeli in Rom gemacht worden sein (nel medesimo tempo e sulla medesima forma e modello del Santo Bambino Gesù d'Aracoeli in Roma...). [49] Das Vorbild des römischen Bambino könnte, so vermutet Ursula Schlegel, für alle im Umkreis der Franziskaner im Sieneser Kunstkreis entstandenen Jesuskinder des 15. Jahrhunderts bindend gewesen sein; sie sieht den Ursprung dieser Figuren allein in der Geistigkeit des noch jungen Franziskanerordens. [50]

Die ersten Archivalien, die sich konkret auf den Bambino beziehen, sind im 16. Jahrhundert zu finden. 1581 wird in einem Manuskript, das im Archiv des Franziskanerkonvents von San Isidoro in Rom aufbewahrt wird, von der Weihnachtskrippe in Aracoeli berichtet und von dem Jesulein, das nackt und bloß hinter der Futterkrippe aufgestellt wurde. Damals soll - so berichtet seither die Legende - eine Römerin sich so sehr in das Kindlein verliebt haben, daß sie es mit nach Hause nahm. Erst als sie sechs Jahre später sehr krank wurde, gestand sie einem Pater den Diebstahl, der das Jesuskind - beladen mit Juwelen, die ihm die Signora zum Geschenk gemacht hatte - in die Kirche zurückbrachte, wo es zu Weihnachten nun wieder aufgestellt werden konnte. In der Folgezeit wurde diese Geschichte mit vielen, auch aus anderen Legenden bekannten Elementen noch zusätzlich ausgeschmückt; dazu gehört die Erzählung von der selbständigen Rückkehr des Jesuleins an seinen angestammten Platz und vom wunderbaren Läuten der Glocken, die den Franziskanern diese Rückkehr ankündigten.
Tatsache jedoch ist lediglich, daß eine Jesuskindfigur im Jahr 1581 nachweisbar ist, und daß sie 10 Jahre später mit kostbaren Juwelen behängt war, die damals für die Bedürfnisse der Kirche verkauft wurden. In einem Reliquienverzeichnis aus dem Jahr 1629 wird von einem vergoldeten Holzkasten berichtet, in dem der Bambino verwahrt wird, 1647 erfahren wir zum ersten Mal, daß die Figur von Weihnachten bis Epiphanie zur Verehrung ausgestellt wird. Ende des 17. Jahrhunderts wurde diese Präsentation mit einer feierlichen Prozession verbunden und durch das Abschießen von Böllern angekündigt. Die kostbaren Schmuck- und Juwelengeschenke, die dem Bambino dargebracht und die noch im 17. Jahrhundert in Notzeiten für den Unterhalt von Kirche und Kloster verkauft worden waren, durften ab 1720 nach einem Dekret von Papst Clemens XI. nicht mehr veräußert werden; bei Androhung schwerster geistlicher Strafen hatte er den Verkauf der „...Gemmen und kostbaren Steine und der anderen Geschenke in Gold und Silber, der Kleider und Schmuckstücke, Votive von hohem Wert des Santo Bambino..." verboten. Aus dem Jahr 1736 ist eine Beschreibung der Schätze im Besitz des Kindes, angelegt von einem Pater Casimiro, erhalten; danach war die Figur über und über mit Smaragden,

48 Die Legenda aurea des Jakobus de Voragine. Aus dem Lateinischen übersetzt von Richard Benz. Heidelberg[9] 1979, S. 52
49 P. Cesario Van Hulst O.F.M., Scorci di Storia. In: Il S. Bambino d'Aracoeli. Rom 1947, S. 16
50 Schlegel, wie Anm. 7, S. 9

Saphiren, Topasen, Amethysten, Diamanten und anderen kostbaren Steinen ausgeziert. Das Kind besaß auch kostbare Wickelbänder, die - mit 162 Diamanten besetzt - auf einen Wert von 580 Scudi geschätzt wurden und von einer ungenannten Person gestiftet worden waren. Als 1789 französische Truppen in Rom einmarschieren, ist es freilich um die Schätze des Bambino geschehen: die Soldaten besetzen das Kloster auf dem Kapitol und plündern die Schatzkammer; die Reichtümer, die ihnen in die Hände fallen, werden mit einem Wert von 49000 Scudi beziffert. Sogar das Gnadenbild wollen sie verkaufen - zum Glück erwirbt es ein frommer Bürger, Severino Petrarca, der es 1797 in die Obhut der Clarissen von S. Cosimato gibt. Erst zu Weihnachten 1799 kann die Figur wieder - wenn auch ohne irgendwelchen Schmuck - in Aracoeli aufgestellt werden. [51]

Im 19. Jahrhundert bildete sich der Brauch der Kinderpredigten vor dem Bambino heraus. Römische Kinder, oft weniger als zehn Jahre alt, trugen im Angesicht einer großen Zuhörermenge ihre Gedanken zur Auslegung der Bibel frei vor. Vermutlich im Jahr 1852 hat der Historiker, Philosoph und Schriftsteller Ferdinand Gregorovius diese Kinderpredigten in seinen „Römischen Figuren" ausführlich beschrieben. Einige Passagen aus seinen Schilderungen sollen einen Eindruck von diesem ungewöhnlichen Weihnachtsereignis vermitteln. Gregorovius wollte eigentlich mit Freunden ins Marionettentheater, „aber ich höre die Stimme eines predigenden Kindes, und diese lockt mich in die alte schöne Basilika Ara Celi auf dem Kapitol. Dort predigen vormittags und nachmittags kleine Kinder, Buben und Mädchen, mehr als eine Woche lang bis zum Fest der Heiligen Drei Könige... ist der Mittelpunkt dieser Schauspiele eine Puppe, eine mit Edelsteinen und flimmernder Krone reich gezierte, der heilige Bambino von Ara Celi... Ein kleiner hübscher Junge stieg zuerst auf das Pult, schlug ein Kreuz und fing mit Gebärden, wie Kinder handbewegend zu deklamieren pflegen, eine wohlgesetzte Predigt von dem in die Welt gekommenen Heil an. Sein Nachfolger, ein größerer Knabe im Chorhemd, verstand es noch besser. Er schrie mit komischem Pathos, donnerte seine Predigt gleich einem Kapuzinermönch herunter und gestikulierte gleich einem tragischen Schauspieler... Keines der Kinder war im mindesten verlegen, die meisten schienen stolz zu sein, daß sie vor Tausenden sprechen durften, und mit dem zunehmenden Sicherheitsgefühl nach überwundenem Anfang schwoll ihre Stimme immer höher und wurden ihre Gebärden immer theatralischer... Auf die Knaben folgten Mädchen, zierliche kleine Fräulein mit Locken, mit Federhütchen und im atlasnen Jäckchen. Sie machten einen Knix (sic!), schlugen ein Kreuz und begannen ihre Predigt. Es ist seltsam genug, zu hören, wenn ein so kleines Ding von der Sünde Adams spricht, die der Herr von uns genommen hat, von dem Glauben an das Heil und das Wort, welches Fleisch geworden ist durch Jesum Christum, und von dessen Opfertod, wodurch er die Menschheit gereinigt hat... So hört man fast jedes Mädchen, unter denen auch Kinder von sechs Jahren predigen, einzelne Glaubenswahrheiten durch Anführung von Kirchenvätern bekräftigen und sagen: So sagt der heilige Paulus, così dice San Bernardo, dice Sant'Agostino, und so sagt der heilige Tertullian... Die Kinder nun, die das Jesuskind im Schoß der Maria wie ein Püppchen anlächelten, knieten am Schluß ihrer Predigt nieder und richteten ein Gebet an den Bambinello.

Ein kleines Mädchen betete also: Allerliebstes kleines Knäblein, schlag doch deine kleinen Augen auf und wirf auf uns Sünder einen Blick der Gnade." [52] Nach den Kinderpredigten pflegte der Bischof den Bambino unter den Klängen eines Jubelgesangs aus den Armen der Marienfigur zu nehmen und ihn auf die große Treppe vor der Kirche hinauszutragen; dreimal segnete er mit der Figur die auf die Knie gesunkene Menge der Wartenden, um den Bambino dann in seine Kapelle zurückzutragen.

Gregorovius erzählt im Rahmen seiner Ara Coeli-Schilderung auch die Legende vom gestohlenen Jesuskind - bei ihm ist es eine junge Engländerin, die sich unsterblich in den Bambino verliebt und ihn entführt hat - und berichtet weiter, daß noch in der selben Nacht, nicht erst sechs Jahre später, wie es in anderen Fassungen der Legende heißt, alle Glocken in Kloster und Kirche von selbst anfingen zu läuten; „die Mönche stürzten heraus und fanden den entführten Bambino mit gebogenem Knie an der Tür stehen, im Begriff, sie aufzustoßen, denn er hatte sich aus den Gemächern der Engländerin auf und davon gemacht." Und weiter erzählt Gregorovius „... oft genug kann man ihn in seiner Kutsche fahren sehen, wenn er Krankenbesuche macht. Auch in der jüngsten

51 Van Hulst O.F.M., wie Anm. 49, S. 19
52 Ferdinand Gregorovius, Wanderjahre in Italien. (Hg. Hanno-Walter Krufft). München 1967, S. 177 ff.

25 Briefe an das Jesuskind von Aracoeli (Slg. Kriss WL 432)

Revolution Roms spielte er eine Rolle. Das Volk hatte nämlich die Wagen der Kardinäle zertrümmert und verbrannt, es schleppte selbst den kostbaren Wagen des Papstes aus seinem Verschluß und wollte ihn vernichten. Aber gemäßigte Männer oder solche, die von den Priestern bearbeitet wurden, erhoben sich dagegen. Sie wollten die Prachtkutsche des Papstes retten, sie machten also den Vorschlag, sie dem heiligen Bambino von Ara Celi zum Geschenk zu machen. Niemand unter den Republikanern wagte diesem Vorschlag zu widersprechen, und feierlich wurde der Bambino zum Eigentümer des Wagens erklärt. Zum Beweise, daß er wirklich davon Besitz ergriffen habe, fuhren ihn eines Tages die Mönche in dem Papstwagen öffentlich auf dem Corso spazieren.“ [53]

In unserem Jahrhundert erhält der Bambino von Aracoeli viel Post aus aller Welt. Die Briefe werden zur Entnahme eventueller Spenden zwar geöffnet, aber von niemandem gelesen; sie werden in die Gnadenkapelle gelegt und nach angemessener Zeit vernichtet. Die Briefe sind adressiert „al santo Bambino di Aracoeli“, „An den Bambino in Rom“, „To Santo Bambino in Rome“ oder an das „Enfant Jésus“ (Abb. 25).

53 Gregorovius, ebenda, S. 179 f.

Weitere Jesuskind-Gnadenbilder von überregionaler Bedeutung

Im süddeutschen Raum gibt es eine große Zahl von Jesuskindfiguren, die zum Mittelpunkt von blühenden Wallfahrten wurden, die als Gnadenbilder die Menschen über Jahrhunderte in ihren Bann zogen und vielen Gläubigen Trost und Zuversicht spendeten – dies besonders in sehr persönlichen Anliegen, die sich häufig auf Sorgen mit Kindern bezogen. Das Jesuskind, so empfanden es vor allem die Frauen mit ihren mütterlichen Sorgen, war gewiß in der Lage, Hilfe für kranke Kinder zu gewähren, sie aus verzweifelter Lage zu erretten oder einen Kinderwunsch überhaupt erst zu erfüllen. Mit all diesen Anliegen wandte man sich vornehmlich an Maria als Mutter Jesu, die nach allgemeiner Vorstellung das größte Verständnis für die Nöte anderer Mütter aufbringen konnte - doch auch der Knabe selbst wurde immer wieder um Schutz von Kindern angefleht.

Im Rahmen einer Ausstellung zur Verehrung des Jesuskindes in Italien steht selbstverständlich die Hinwendung zum Bambino von Aracoeli an erster Stelle. Nicht ganz ohne Bedeutung aber – auch für die Geschichte der Jesuskindverehrung in Italien – sind einige andere Gnadenbilder des Knaben, deren weltweite Verehrung ihre Spuren in zahllosen Nachbildungen, die oft selbst wieder zu vielverehrten Bildern wurden, aber auch in den zahlreichen Devotionalien und der Wallfahrtsgraphik hinterlassen haben. Den wichtigsten dieser nicht-italienischen Jesuskinder sollen deshalb einige Abschnitte gewidmet werden; was über ihre spezielle Verehrung gesagt wird, gilt mutatis mutandis für die Hinwendung zum Jesuskind auch in anderen Regionen. Über die wenigen ausgewählten Beispiele hinaus gibt es gerade im Alpenraum weitere hochbedeutende Jesuskind-Wallfahrten, doch würde ihre Einbeziehung den hier gegebenen Rahmen sprengen.

26 Pergamentminiatur: Prager Jesulein
(Slg. Kriss, Inv. Nr. Kr. W 5549)

Das Prager Jesulein

Das weltberühmte Prager Jesulein, eine kleine Wachsfigur aus den Jahren um 1520, wird noch heute in der Karmelitenkirche Santa Maria de Victoria auf der Prager Kleinseite verehrt (Abb. 26). Nachbildungen dieses Kindes sind heute Mittelpunkt vielbesuchter Wallfahrten in aller Welt, so etwa außer in Deutschland, Österreich, Frankreich, Polen, Ungarn auch auf den Philippinen, in Vietnam und in China. Die Geschichte des Kindes in Prag ist durch bedeutende Ereignisse der Weltgeschichte geprägt, seine Herkunft ist jedoch bis heute ungeklärt. Vermutlich aus einem spanischen Kloster stammend, gelangte die 47 cm hohe Wachsfigur im frühen 16. Jahrhundert in die Hände einer Dona Isabella Manrique de Lara y Mendoza; als ihre Tochter Maria 1556 den böhmischen Adeligen Vratislav von Pernstein heiratete, gab sie ihr die kleine Figur als Brautgeschenk mit. So tat es auch Maria, als ihre Tochter Polyxena im Jahr 1587 zunächst den ebenfalls böhmischen Adeligen Wilhelm von Rosenberg und später in zweiter Ehe Sidonius Adalbert von Lobkowitz, den höchsten Kanzler des böhmischen Königreichs, heiratete. Als Polyxena nach dem Tod ihres Mannes Prag verließ, schenkt sie die Jesuskindfigur im Jahr 1628 dem Kloster der Unbeschuhten Karmeliter der Siegreichen Jungfrau Maria auf der Kleinseite. Die Legende kennt auch die Worte, mit denen sie das Kindlein übergab: „Ich gebe Euch das mir teuerste, bewahrt die Statue in Ehrfurcht hier und daß es Euch wohlergehe.“ [54] Zunächst wurde die Figur, die der Prior im Oratorium aufstellen ließ, vornehmlich von den Novizen verehrt. Als sächsische Soldaten 1631 in Prag einfielen und auch das Karmeliterkloster plünderten, blieb das Jesulein mit zerbrochenen Gliedmaßen hinter dem Altar liegen. Vermutlich an dieser Stelle überstand es dann den Überfall der Schweden und die vorübergehende Flucht des Konvents - denn erst im Jahr 1638 wurde es vom frommen Pater Cyrill dort aufgefunden. Nach der Neuanfertigung seiner Arme und Hände, die aus Holz geschnitzt und mit Wachs überzogen wurden, konnte es aufs neue zur öffentlichen Verehrung ausgestellt werden. 1651 verfügte der Karmelitergeneral, daß künftig alle Ordensangehörigen zur Verehrung des Kindleins beitragen sollten; damit legte er den Grundstein zur weltweiten Verbreitung der Gnadenbildes. Schon in der 2. Hälfte des 17. Jahrhunderts erhielt es zahlreiche äußerst wertvolle Stiftungen aus dem böhmischen Adel; Kaiser Ferdinand III. war einer der ersten Beter vor dem Kind. Die Familie Martinic tat sich in der Verehrung des Kindes besonders hervor: 1651 veranstaltete sie eine Prozession mit dem Jesuskind durch die Prager Kirchen, bald darauf schenkte Bernard Ignaz Martinic dem Gnadenbild ein Krönchen. Die offizielle feierliche Krönung aber fand 1655 durch den Weihbischof P. Josef Corta statt; auch die hierzu verwendete, mit Edelsteinen und Perlen besetzte Goldkrone war von B. I. Martinic gestiftet worden; sie war allerdings nicht - wie es das Zeremoniell eigentlich vorschrieb - vom Papst selbst geweiht. Der Ruhm des „Liebreichen Jesuleins“ (Gratiosus Jesulus Pragensis) wurde in ganz Europa durch die Schrift „Pragerisches Gross und Klein“ des Priors Emerich a S. Stephano verbreitet, die 1736 in deutscher und

27 Pergamentminiatur: Prager Jesulein
(Slg. Kriss, Inv. Nr. Kr. W 5600)

54 Jan Royt u.a., Das Prager Jesuskind. Prag 1992, S. 52; hier auch alle im weiteren benutzten Angaben

1749 in tschechischer Sprache erschien. In dem Kapitel über die Wunder, die das Jesulein gewirkt hatte, berichtet der Autor auch über den Bildhauer Johann Georg Schlansovsky, der bereits 1739 etwa 100 Kopien des Kindes in drei Größen angefertigt hatte, die in ganz Europa verteilt wurden. Im weiteren 18. und im 19. Jahrhundert dienten die zumeist von Prager Stechern hergestellten Kupferstiche des Jesuleins der Verbreitung seines Ruhmes und der persönlichen Andacht ihrer Besitzer. Bei vielen dieser Kleingraphiken wurden die Gewandteile in der Manier der Spickelbilder aus dem Stich ausgeschnitten und mit kostbaren Stoffstückchen hinterlegt; ähnlich wurde mit dem Sockel der kleinen Statue und dem Nimbus verfahren, doch wurden sie zumeist mit Goldfolie unterfüttert.
Als die kleine Kapelle die herandrängenden Pilger nicht mehr fassen konnte, erhielt das Jesulein seinen Platz in einem Silberschrein auf dem Joachim und Anna geweihten Seitenaltar. Das 18. Jahrhundert brachte den Höhepunkt der Verehrung des Kindes, die sich in zahllosen kostbaren Votiv- und Weihegaben ausdrückte. Als nach dem Tod der Kaiserin Maria Theresia, die eine Verehrerin des Prager Jesuleins gewesen war, ihr Sohn Joseph II. an die Macht kam, wurde 1784 der Karmelitenorden aufgelöst und die Kleinseitner Kirche an die Malteser übergeben. Vor wenigen Jahren erst kehrten einige Karmeliter zurück. Auch wenn der Zustand von Kirche und Kloster erbarmungswürdig ist, blieb die Verehrung des Jesuleins ungebrochen.
Bereits im vergangenen Jahrhundert wurde das Gnadenbild, das zunächst hauptsächlich im Habsburger Reich und in Bayern verehrt worden war, in der ganzen Welt bekannt. Aus weit entfernten Ländern kommt auch ein Teil der Garderobe des Kindes, das stets mit Textilien bekleidet war. Dabei ist die Wachsfigur, die über einem Holzkern modelliert ist, nicht nackt, sondern mit einem langen Hemd, dem Kolobion, dargestellt. Ebenso sind alle in Prag angefertigten, authentischen Kopien gestaltet; anderswo entstandene Figuren zeigen oft nur die typische Kopfhaltung und den Umriß, während sie unter der textilen Bekleidung als grober Holzkern, als Gliederpuppe oder lediglich als Drahtgestell gearbeitet sind. Das originale Gnadenbild trug über dem Kolobion bis vor kurzem immer wieder unterschiedliche Gewänder, die nach dem Wechsel der liturgischen Farben im Kirchenjahr ausgewählt wurden; aufgrund seiner Fragilität wird es neuerdings nicht mehr umgekleidet. Sein ältestes, bis heute erhaltenes Kleid soll aus dem Jahr 1700 stammen; ein halbes Jahrhundert später erhielt das Kind von Kaiserin Maria Theresia prächtig verzierte Gewänder zum Geschenk. Später kamen äußerst fein bestickte Seidenkleider aus Schanghai, von den Philippinen und aus Vietnam dazu, die – wie auch die ungarischen oder etwa die lateinamerikanischen – stets mit den für ihr Herkunftsland typischen Motiven und in der dort üblichen Technik verziert sind.
Das Prager Jesulein ist vielleicht die weltweit bekannteste Darstellung des Jesusknaben. Paul Claudel hat ein Gedicht verfaßt, in dem er auf eine kleine Devotionalkopie Bezug nimmt, eine Nachbildung des Prager Jesuleins über den Kinderbetten:

„...Oben, über den beiden Betten, auf dem hölzernen Bord,
Unter einer gläsernen Glocke, das Haupt von der Krone bedeckt,
Die Welt in der einen Hand, die andere ausgestreckt,
Jedes Kind zu empfangen, das sich befiehlt seiner Hut,
Fürstlich unter dem ungeheuren, goldigen Hut,
Allerliebst im feierlich steifen Mantel-Verschlag
Thront und waltet das Jesuskindlein von Prag....".

28 Malerei auf Karton: Prager Jesulein
(Slg. Kriss, Inv. Nr. Kr. W 5381)

Neben zahllosen anderen Orten in Süddeutschland hat auch das schwäbische Kloster Oberschönenfeld im Jahre 1754 eine Figur des Jesuleins aus Prag erhalten. Von den Klosterfrauen kostbar bekleidet, wurde es bald zum vielbesuchten Gnadenbild, wie ein erhaltenes Mirakelbuch der Jahre 1755–1757 belegt. Unter den vielen Einträgen findet man hier auch die folgenden: „Anthony Gauß, Söldner in Anhausen, hate ein Kleines Kindt, so mit einem leib schaden behafft war: Die sorgfältige Elteren verlobten selbes zum hiesigen Gnadenkündt, mit Versprechen, selbes alle Jahr einmahl zu besuechen: als sye ihr andacht verrichtet, vnd von hier nacher Hauß kommen, sahen sye mit Verwunderung, daß ihr Kindt noch selben Tag von disem grossen Ybl gänzlich befreyet wordten." Und:„Aldegundis Meyrin, Bayrin in Anhausen, ware schon den anderten Tag in den Kindsnöthen, und sambt ihrer Leibsfrucht in großer Lebensgefahr. Als sye sich zu Unserm Gnaden Kündt mit einer Hl. Meß verlobet, verspirte sye also gleich Linderung, und wurde ein glickliche Kinds Muetter." Viele Anliegen in diesem Buch beziehen sich auf Krankheiten und Gebrechen aller Art, daneben aber sind sehr spezielle Hilferufe in Geburtsangelegenheiten und in Nöten kleiner Kinder festgehalten. [55]

Das Salzburger Loretokindl

Ähnlich weite Verbreitung im gesamten süddeutschen Sprachraum hat das Gnadenkind aus dem Salzburger Loretokloster gefunden. Das äußerst fein aus Elfenbein geschnitzte, nur 10 cm große Figürchen hatte Mutter Euphrasia Silberath im elsässischen Kloster Ensisheim um das Jahr 1620 von einer Gräfin von Öttingen als Geschenk erhalten. Wegen seiner großen Verehrung für das kleine Jesulein überließ sie es vorübergehend dem Pater Johann Chrysostomus Schenck von Castell, der es immer bei sich trug (Abb. 29). Er pflegte einen sehr persönlichen Umgang mit der kleinen Elfenbeinfigur, die er regelmäßig badete; als sie einmal nach dem Baden vom Fensterbrett herunterfiel, wohin er sie zum Trocknen gestellt hatte, und dabei einen Sprung davontrug, legte er ihr ein Pflaster auf. Auch führte er lebhafte Unterhaltungen mit dem Jesusknaben, der ihm manches Geheimnis anvertraute. Nach dem Tod des Paters kehrte die Figur wieder in den Besitz der elsässischen Nonne zurück, die in den Wirren des Dreißigjährigen Krieges nach Salzburg gekommen und dort ins Loretokloster eingetreten war, wo sie 1662 starb. Auch das „Loretokindl", wie die Figur bald ganz allgemein genannt wurde, erhielt reiche Schenkungen an Geschmeide und Gewändern, vor allem aus dem Hochadel. Kaiserin Elisabeth soll ihm – so wird berichtet – 1854 eigenhändig ein rotsamtenes, mit Perlen besticktes Kleidchen genäht haben; andere Kostbarkeiten kamen von der polnischen Königin, der Kurfürstin Adelheid, der Herzogin von Sagan und von den böhmischen Fürstinnen Lobkowitz, Lamberg und Schwarzenberg. Im Jahr 1731 wurde dem „Lauretanischen Gnadenprinzen" ein eigener Altar errichtet, auf dem er in einem kunstvoll gestalteten Schrein zur Verehrung ausgesetzt wurde. Als 1752 die 100 Jahre währende Anwesenheit der kleinen Figur in Salzburg feierlich begangen wurde, nahm die Verehrung einen neuen Aufschwung; zwei Jahre später sorgte ein gedrucktes Mirakelbuch für die Verbreitung der wunderbaren Begebenheiten um das Gnadenkind. In dessen zweiter Auflage von 1764 sind 45 Personen

55 Erich Lidel, Das Prager Jesuskind von Oberschönenfeld. In: Der Bayerische Krippenfreund 270/1989, S.3-7

29 Pergamentminiatur: P.J.C. Schenck von Castell mit dem Loretokindl (Slg. Kriss, Inv. Nr. Kr. W 4909)

30 Kupferstich: Augustinerkindl
München, 18. Jh. (Slg. Kriss, Inv. Nr. Kr. W 1646)

aus Bayern genannt, die Gnade und Hilfe vom Salzburger Loretokindlein erfahren hatten. Damals wie heute nehmen Wallfahrer kleine Mäntelchen und Windeln aus weißem Stoff als Andenken mit, die zuvor am Gnadenbild berührt worden sind. Ebenfalls bis zum heutigen Tag erteilt die Mutter Oberin täglich um 13.45 Uhr mit dem Kindlein den Segen in alle vier Himmelsrichtungen; außerhalb dieser Zeit kann sich der fromme Besucher das Jesulein im Pfortenzimmer zeigen lassen und erhält auch dort seinen Segen. [56]

Das Münchner Augustinerkindl

Wenigstens ein Jesulein vom Typus des gefatschten, wächsernen Kindes soll hier erwähnt werden; ausgewählt wurde das Augustinerkindl, das bis heute zu Weihnachten in der Münchner Bürgersaalkirche in der Neuhauserstraße aufgestellt wird (Abb. 31). Auch von ihm weiß die Legende Wundersames zu berichten. Sein Ursprung ist nicht bekannt; erzählt wird lediglich, daß ein Münchner Bürger das wohl um 1600 entstandene gefatschte Jesulein mit dem lebendig wirkenden, leicht zur Seite geneigten Knabengesicht dem Augustinerkloster geschenkt hat. Erst ab 1634 aber wurde es dort als Gnadenbild verehrt. Im Jahr zuvor nämlich soll es dem Pater, der es zu Mariae Lichtmeß wegräumte, aus der Hand gefallen und sein Wachskopf auf dem Steinboden der Sakristei zerschellt sein. Fast ein Jahr lang hielt er sein Mißgeschick geheim, beichtete es aber schließlich seinem Prior, als wieder der Advent und damit die Zeit zum Aufstellen des Jesuleins nahte. Wunderbarerweise aber hatten sich die Scherben, die er in einem Schrank verwahrt hatte, wieder zusammengefügt – das Jesuskind erstrahlte in gewohnter Schönheit; lediglich eine kleine Narbe auf der Stirn ist ihm geblieben. Bis zur Aufhebung des Klosters im Zuge der Säkularisation wurde das Kindlein viel besucht und verehrt, dann kam es zunächst in eine Krankenhauskapelle und schließlich 1817 auf Veranlassung von König Ludwig I. in den Bürgersaal. Plastische Nachbildungen des Augustinerkindls mit seinem kindlichen, lächelnden Gesicht und der reich mit farbigen Glassteinen und Spitzen verzierten Wickelung findet man in vielen Kirchen auf Seitenaltären, aber auch in mancher süddeutschen Familie, wo es noch heute zu Weihnachten aufgestellt wird. Andachtsbildchen des 18. Jahrhunderts – häufig mit Stoff- und Goldpapierhinterlegung – zeigen das Augustinerkindl meist zwischen Maria und Joseph, die betend zu seinen Seiten knien.(Abb. 30). [57]

56 Ausführlich bei: Paul Ernst Rattelmüller, Das Saizburger Kindl. In: Christkindl. Dachau 1994, S. 58–79
57 Ausführlich bei: Paul Ernst Rattelmüller, Das Augustinerkindl zu München. In: Christkindl. Dachau 1994, S. 108-114

31 Spickelbild: Augustinerkindl
München, 18. Jh. (Slg. Kriss, Inv. Nr. Kr. W 434)

Das Reutberger Jesulein

An den Ursprungsort der Jesuskind-Verehrung – nach Bethlehem – führt die Geschichte des Gnadenkindes vom Kloster Reutberg bei Bad Tölz (Abb.32). Das etwa lebensgroße holzgeschnitzte Kind mit der so natürlich wirkenden polierten Fassung ist wohl italienischer Herkunft und stammt aus der frühen Barockzeit. Jahrzehntelang soll es auf dem vornehmsten Platz gelegen haben, den es für eine solche Figur gibt: auf dem Stern, der im Marmorboden der Geburtsgrotte in der Basilika von Bethlehem die Stelle markiert, an der Christus zur Welt gekommen sein soll. Weil von kirchlichen wie von weltlichen Würdenträgern andere Jesulein für diesen Platz gestiftet worden waren, mußte es weichen. Als im Jahr 1739 der Franziskanerkaplan P. Nicephorus Vischer aus Reutberg ins Heilige Land kam, um für einige Jahre die Aufgaben des Guardians in Bethlehem zu übernehmen, fand er das vernachlässigte Jesulein und erbat es für die Nonnen auf dem Reutberg, nachdem er es „fein säuberlich geputzet" hatte. Seit 1743 ist die Figur nun in Reutberg.
Die Schwestern haben den „Kleinen König" reich mit Gewändern ausgestattet und ihn in ihrem Betchor aufgestellt. Zu Weihnachten jedoch verschwinden die prächtigen Samt- und Brokatkleider; dann liegt die Figur nackt und bloß – nur mit einer Leinenwindel angetan – auf Stroh in einer Krippe (Abb. 33). Dann sieht man die kindliche Strampelhaltung seiner Beine, die gerade bei italienischen Jesuskindfiguren bis ins 19. Jahrhundert beibehalten wurde; und diese Beinhaltung ist die Ursache dafür, daß das Jesuskind vom Reutberg, wenn es stehend aufgestellt wird, im Vergleich zu seinem Kopf und Oberkörper eindeutig zu kurze Beine hat. [58]

58 Ausführlich bei: Paul Ernst Rattelmüller, Ein Besuch im Kloster Reutberg. In: Christkindl. Dachau 1994, S. 95–107

32 Kupferstich: Reutberger Jesulein
München, 18. Jh. (Slg. Kriss, Inv. Nr. Kr. W 1470)

33 Kupferstich: Reutberger Jesulein
München, 18. Jh. (Slg. Kriss, Inv. Nr. Kr. W 4866)

Der süddeutsche Raum, zu dem auch die katholische Innerschweiz zu rechnen ist, kennt viele Jesuskindfiguren, denen die erzählbegabte Phantasie im Laufe der Jahrhunderte wundersame Ursprungs- und Verehrungslegenden angedichtet hat und die aufgrund dieser Geschichten zu vielverehrten Gnadenbildern von regionaler, aber auch überregionaler Ausstrahlung und Bedeutung wurden. Nahezu jede der zahllosen Darstellungen von liegenden, gewickelten, von stehenden oder auf Stühlchen thronenden Jesulein in reich verzierten Gewändern in süddeutschem Museums- und Privatbesitz bezieht sich ganz konkret auf ein bestimmtes Gnadenbild, das von den Gläubigen verehrt, in Ängsten und Nöten um Hilfe angerufen, mit Votiv- und Weihegaben beschenkt und schließlich in Form einer Devotionalkopie vom Wallfahrtsort mit nach Hause genommen wurde. Dort diente es als Andachtsbild und erinnerte lange noch an die einmal unternommene Wallfahrt;
es konnte auch als Geschenk zu hohen Festen ins Haus gekommen sein – immer aber verwies es auf das Urbild, nach dem es gestaltet worden war.

ANDACHTSBILDER

Jesuskindfiguren als häusliche in Italien

34 Stehendes Jesuskind (Detail)
(Kat.Nr.47)

Ganz anders verhält es sich mit den italienischen Jesuskindfiguren in privatem Besitz, die vorwiegend aus dem 18. und 19. Jahrhundert stammen. Wenn sie nicht dem Bambino von Aracoeli nachgebildet sind – und die Kopien dieser Figur sind eher selten –, sind sie in der Regel keinem bestimmten Gnadenbild nachempfunden. Sie setzen vielmehr die Tradition italienischer Bildhauerei des Barock mit ihren Jesulein, Amor- und Cupidofiguren, mit ihren Putten und anderen nackten Kinderdarstellungen fort. Sicher nicht zu unrecht wird immer wieder auf bedeutende Werke der italienischen Renaissance und ihre Rolle als Vorbilder für die eher volkstümlichen Figuren aus nachbarocker Zeit hingeweisen, so zum Beispiel auf Desiderio da Settignanos (1430–1464) aus Marmor gehauenen stehenden Jesusknaben auf dem Sakramentsretabel von San Lorenzo in Florenz, der nach Auskunft Vasaris (1511–1574) sogar zuweilen vom Altar genommen und zu rituellen Handlungen „benutzt" wurde. [59] P. Cesario Van Hulst berichtet von Lucca als dem Zentrum der Anfertigung von Stuckfiguren im frühen 16. Jahrhundert und nennt in erster Linie Darstellungen des Jesusknaben. Die Nonne Costanza Micheli (1530–1601) soll ohne irgendwelche Ausbildung, aber „mit Hingabe und Fleiß, Geduld und Ausdauer" Figuren des Jesuskindes geschaffen haben, die damals in zahlreiche Länder exportiert wurden. Eine solche Figur nahm der in Lucca geborene Missionspater Angelo Orsucci nach Spanien mit und schilderte im Jahr 1601 in einem Brief an seine Mutter, wie in Valencia alle Bewohner zusammengelaufen seien, um diese Figur zu sehen. [60] Wie diese Figuren gestaltet waren ist allerdings nicht bekannt.

Viele der Jesuskinder des 17. bis 19. Jahrhunderts in der Lebensgröße eines etwa 1 ½- bis 2-jährigen Knaben sind als Aktfiguren vollplastisch ausgearbeitet. Dabei hat man großen Wert auf eine ausgewogene Ponderation von Stand- und Spielbein gelegt; häufig wird der Segensgestus der rechten Hand mit weit vom Körper weggestrecktem Arm gezeigt, hält die linke die Weltkugel, das Zepter oder die Weintraubenbeere dem Betrachter deutlich entgegen. Nicht wenige Figuren erinnern mit den weit ausgreifenden Bewegungen ihrer Arme an tanzende Kinder, die wenigsten sind in sich gekehrt und versonnen, entrückt oder erhaben; sie scheinen vielmehr mit dem Betrachter Kontakt aufnehmen zu wollen. Der wie zum Sprechen geöffnete Mund ist ein oft angewendetes Mittel, um diesen Eindruck zu erreichen, aber auch die großen Augen und die oft neugierig hochgezogenen Brauen tragen dazu bei. Die Verwandtschaft der italienischen Jesulein mit Amor- oder Cupidofiguren wird beim Thema des schlafenden Jesuskindes besonders deutlich. Entspannt daliegenden Kleinkindern gleich, manchmal mit einem hinter den Kopf gelegten Arm, brauchen diese Figuren Attribute wie etwa die an die Passion gemahnenden Leidenswerkzeuge, um nicht als profane Kinderfiguren interpretiert oder in einem antiken Kontext gesehen zu werden. Dies gilt ebenso für die Malerei, die den Knaben immer wieder hingestreckt schlafend dargestellt hat.

Jesuskindfiguren nördlich der Alpen sind meist bekannten Gnadenbildern nachempfunden; sie haben liebliche Gesichter und sind mit prächtigen Kleidern kostbar ausgestattet oder stecken in ebenso wertvollen Wickelungen. Italienische Jesuskinder dagegen sind zuallererst Skulpturen, die nackte, wohlproportionierte kleine Knaben darstellen. Ihre Besitzer staffierten sie prächtig aus: die lange Lockenperücke verweist dabei ebenso auf den „piccolo principe", den fürstlichen Knaben, auf den „piccolo rè", den kleinen König, wie die Knabenkleider, die sie tragen.

Nach dem Vorbild des Adels, dessen Söhnen allein das lange Haar und die weiten, langen Gewänder vorbehalten waren, wurde der Jesusknabe bekleidet und geschmückt.

In ganz anderen Formen als im süddeutschen Raum gestaltete sich auch die Verehrung dieser stehenden, kleinen Könige in Italien. Es ist überliefert, daß solche Figuren zu bestimmten Zeiten – immer außerhalb der Weihnachtszeit – aus kirchlichem Besitz entliehen und mit nach Hause genommen werden durften. Mitglieder frommer Bruderschaften oder anderer religiöser Vereinigungen konnten in einer Art Lotterie das Recht erwerben, eine solche Figur bei sich zu beherbergen. Für Süditalien wird der Ablauf einer solchen Zeremonie – im Dialekt „Festa du Bammine" genannt – innerhalb einer Bruderschaft beschrieben. „Das Jesuskind ist bis zum Neujahrstag in der Kirche ausgestellt, dann wird das Original oder eine Kopie dem Vorsteher der für die Kirche wichtigsten Bruderschaft anvertraut. Es handelt sich um ein kleines stehendes Jesuskind mit ausgebreiteten Armen, als ob es die ganze Welt umarmte, das in der Rechten die Weltkugel und in der Linken das Kreuz hält. Der Vizevorsteher hat die Ehre, ein anderes

59 Chiara Basta, Formen frommer Darstellung. In: Il Bambino Gesù. Italienische Christkinder. Brescia 1996, S.12
60 P. Cesario Van Hulst O.F.M., La storia della devozione a Gesù Bambino nelle immagini plastiche isolate. In: Antonianum 19, Rom 1944, S. 47

Jesuskind in seinem eigenen Haus zu empfangen, eines, das in einer Wiege auf einem kleinen Kissen liegt. Das ist eine große Ehre für die Familie, denn das Jesuskind wird ein ganzes Jahr in dem betreffenden Haus bleiben. Die Übergabe an den Vorsteher erfolgt am Epiphanietag. Das Jesuskind wird auf jeden Fall mit der Kutsche abgeholt, manchmal auch von einem Priester begleitet. Die festlich gekleidete Hausfrau erwartet das Jesuskind und geht dem Priester und den Mitgliedern der Bruderschaft feierlich entgegen.
An der Haustür nimmt sie es andächtig in die Arme und trägt es, gefolgt von Kindern, Verwandten und Gästen in das Schlafzimmer, damit dieser Raum den ersten Segen bekommt.
Dann wird die Figur in einem besonders geschmückten Zimmer aufgestellt, wenn möglich im gleichen Raum, in dem auch die Weihnachtskrippe stand.
Das Jesuskind erhält auf einem Hausaltar zwischen Blumen und Kerzen seinen Platz. Es wird beräuchert, man singt das Te Deum, das mit einem besonderen Gebet beschlossen wird. Wenn ein Priester mitgekommen ist, hält er eine Ansprache, in der er die Ehre für die Familie betont und irdische und himmlische Freude wünscht. Es folgt ein lebhaftes Familienfest, den Gästen wird Gebäck gereicht; manchmal endet die Feier mit einem großen Abendessen. Und so bleibt denn das Jesuskind ein Jahr lang in dem ausgewählten Haus. Die Familie empfindet Stolz und Verehrung, und wenn Besuch kommt, wird es den Gästen vor jeder weiteren Unterhaltung gezeigt. Die Rückgabe an die Kirche erfolgt immer in einer traurigen Stimmung. Der Hausvater fährt die kleine Statue mit der Kutsche zurück, zusammen mit wertvollen Geschenken.
Aus Sehnsucht nach dem Jesuskind und um den Schmerz der Trennung zu lindern, kauft der Hausherr dann oft eine ähnliche kleine Figur, läßt sie segnen und stellt sie als Andachtsbild für die ganze Familie auf den Platz, wo zuvor das Jesuskind aus der Kirche gestanden hatte.“ [61]
Für Bari, das noch lange zur Einflußsphäre des griechisch-orthodoxen Kirchenkalenders gehörte und deshalb Epiphanie als erstes und die Darstellung im Tempel zu Lichtmeß als zweites großes Fest im Jahr feierte, ist folgender Brauch überliefert: zu Neujahr oder am 6. Januar ersetzte eine stehende, kostbar gekleidete Jesuskindfigur mit Nimbus das liegende Kind in den häuslichen Krippen und nahm die Geschenke der Heiligen Drei Könige, die in Wirklichkeit die Geschenke der Eltern für ihre Kinder waren, entgegen. Die Figur wurde deshalb Bambino della Stemma (=Neujahrsgeschenk) genannt. 40 Tage blieb sie dann in der Krippe stehen, die traditionell an

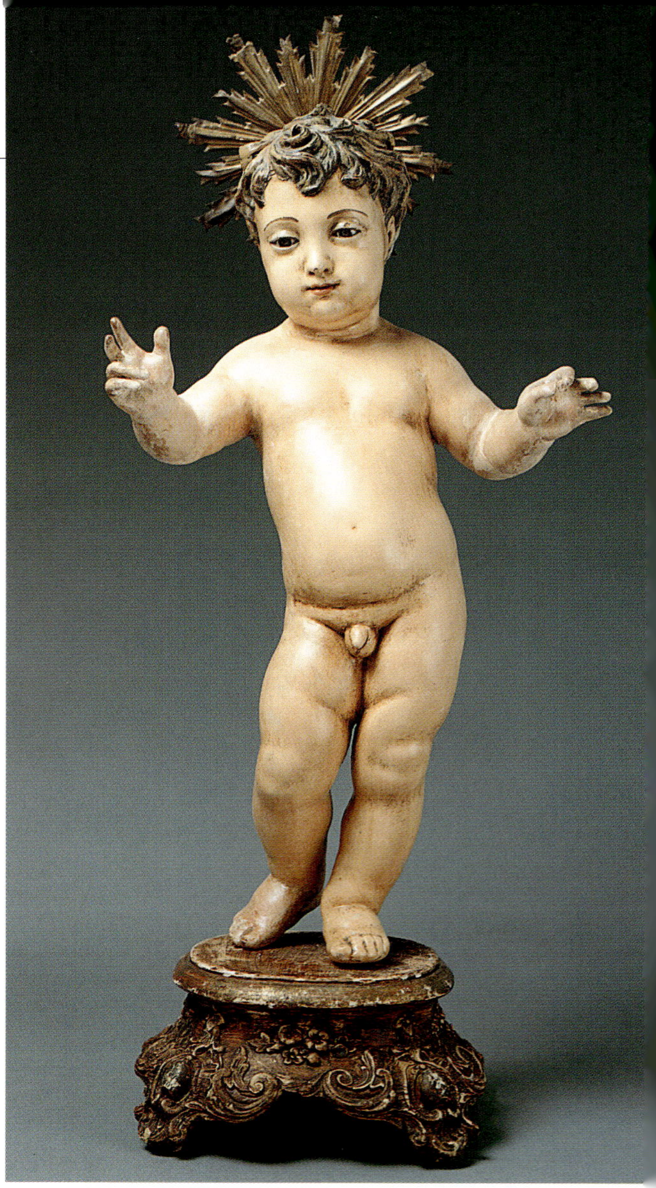

35 Stehendes Jesuskind (Kat.Nr.38)

Lichtmeß – dem 2. Februar – abgebaut wurde. [62]
Man kann also davon ausgehen, daß in vielen Familien neben dem Krippenkind auch die Figur des stehenden, bekleideten Knaben vorhanden war.
Aus Sizilien, wo kleine Kästchen mit einem darin eingeschlossenen Jesuskind aus Wachs besonders beliebt waren, wird berichtet, daß man sie jedes Jahr zu Weihnachten gereinigt und mit Lichtern und Orangenzweigen verziert hat. Dann stellte man sie an einem besonderen Platz auf, und Freunde und Nachbarn kamen in die Häuser, um die zur Verehrung dargebotenen Jesuskinder zu besuchen, ihre Gebete zu verrichten und gemeinsam zu singen. Manchmal – so heißt es – zogen blinde Sänger an den entsprechenden Tagen umher und wurden in die Häuser geholt. [63]

61 Angelo Stefanucci, Storia del presepio. Rom 1944, S. 240 f.
62 Bianca Tragni, Il Presepe nella Tradizione Popolare Pugliese. In: Clara Gelao und Bianca Tragni, Il Presepe Pugliese. Arte e Folklore. Bari 1992, S. 140
63 Elisabetta Silvestrini, Verehrung, Legenden, Bekleidungen. In: Il Bambino Gesù. Italienische Christkinder. Brescia 1996, S. 153

Die relativ vagen Angaben zu diesen Bräuchen - auch Stefanucci hat seiner Schilderung keinerlei Datierung beigegeben - spiegeln die Lage wider, in der sich die volkskundliche Forschung zu diesem Themenkreis in Italien befindet: es gibt kaum fundierte Untersuchungen zur häuslichen Verehrung des Jesuskindes oder auch bestimmter Heiliger im 18. und 19. Jahrhundert. Solche bedauerlicherweise nicht exakt belegten Beobachtungen können aber dennoch zumindest eine Vorstellung davon vermitteln, wie sich aufgrund des häuslichen Umgangs mit ihnen und der damit verbundenen Bräuche über die Jahrzehnte und Jahrhunderte so viele Jesuskindfiguren in Italien ansammeln konnten. In unserer Zeit haben viele ihren angestammten Platz verloren und werden nun von den Erben, die nicht mehr vertraut sind im Umgang mit ihnen, veräußert. Ihre Vorfahren hatten die Figuren - neben dem Jesuskind auch Marien- und Annendarstellungen - sogar zum Orakel verwendet. Gab es Probleme innerhalb der Familie, beobachtete man die häusliche Andachtsfigur besonders genau: röteten sich ihre Wangen, deutete das auf eine positive Lösung, erschien die Figur eher blaß, war Unglück zu erwarten. Vermutlich konnte man das Wangenrot durch den Zeitpunkt des „Ablesens“ erheblich beeinflussen, erschien die Figur doch im unterschiedlichen Lichteinfall zu verschiedenen Tageszeiten auch unterschiedlich getönt.

Eine weit verbreitete Möglichkeit, wie Jesuskinder - vor allem in Süditalien und Sizilien - in die Familien kamen, wurde bereits geschildert: man ersetzte das aus der Kirche für ein Jahr ausgeliehene danach durch ein eigenes, gekauftes Figürchen. Natürlich konnte das Jesuskind in seiner Rolle als Beschützer der Familie sehr sinnfällig auch als Hochzeitsgabe dargebracht werden; ebenso ist es als Tauf- oder Firmpatengeschenk denkbar. Aus Sizilien ist bekannt, daß dort vielerorts nach den Novenen in den Kirchen jeweils ein wächsernes Jesulein verlost wurde. Andere, kleine Jesuskinder aus Wachs sind als Geschenke von Klöstern und deren Repräsentanten in den privaten Besitz gelangt. So etwa ist bekannt, daß der Franziskaner Lorenzo Salvi (1782 -1856) selbst kleine Wachsfigürchen anfertigte und sie den Gläubigen zum frommen Gebrauch schenkte. [64]

64 ebenda, S. 154

36 Kästchen mit Fatschenkind (Kat.Nr.100)

Ikonographische BESONDERHEITEN

Das Passionskind und das schlafende Jesulein

37 Kupferstich: Jesuskind mit Arma Christi
Süddeutschland, 19. Jh. (Slg. Kriss, Inv. Nr. Kr. H 2195)

Neben den Darstellungen des Wickelkindes, des kleinen Königs, des segnenden oder eine Weinbeere anbietenden Jesusknaben in ihren meist sehr lieblich-kindlichen Ausführungen kennt vor allem die Malerei seit der Renaissance Bilder des Jesuskindes, das von den Arma Christi umgeben ist; schon der Knabe weiß um seine spätere Bestimmung in der Passion. Bilder des auf dem Kreuz schlafenden Jesuskindes zeigen es inmitten der Werkzeuge und Geräte seines späteren Leidens. So liegen vor dem schlummernden Kind meist die Dornenkrone und das Spottzepter, die drei Würfel, mit denen die Henkersknechte um seinen Rock spielen werden, Geißeln und Peitschen; daneben steht die Essigkanne mit dem Schwamm, die Laterne, mit der ihm Judas im Garten Gethsemani ins Gesicht leuchten und die Geißelsäule mit dem Hahn, der bei der Verleugnung durch Petrus dreimal krähen wird (Abb. 37). Vielfach liegt neben dem Kreuz ein Totenschädel. Es sind verschiedene Bildmotive, die hier zuweilen ineinander verschmolzen sind, die aber auch in abgewandelten Kombination vorkommen - das schlafende Kind oder der Putto mit den Symbolen von Vergänglickeit und Tod, der antike Eros, Amor oder Cupido und das Passionskind.
Die mittelalterliche Mystik hatte - vor allem unter Ordensleuten - die imitatio Christi, die compassio, das Mit-Leiden in den Gedanken an seine Passion, zum obersten Ziel geistiger Versenkung erklärt.
Wenn die Meditationen über das Leiden Christi bei der einen oder anderen Klosterfrau allerdings zu wirklich schweren Depressionen geführt hatten, empfahlen die Beichtväter und Seelenführer wegen der dabei zu empfindenden Freude die Beschäftigung mit Geburt und Kindheit Jesu. Doch auch die Gedanken an den kindlichen Erlöser wurden immer wieder mit der Vorausschau auf seine Passion verknüpft. In ihren „revelationes“ erzählt die hl. Birgitta von Schweden (um 1303-1373), wie Maria ihr berichtet, sie habe schon gleich nach Jesu Geburt „die Nägelstellen an Händen und Füßen erblickt, welche...die Kreuzigung zu erleiden haben sollten.“ [65] Solche Texte wurden bereits im 14. Jahrhundert in Bilder von Maria mit dem Jesusknaben umgesetzt, auf denen die Wundmale an den Händen und Füßen des Kindes deutlich zu erkennen sind. [66] Doch erst durch diese zeitraffende Zusammenschau von Geburt und Tod, von Kindheit und Passion wird der Knabe zum Heilsbringer, zum Erlöser. Lebensbeginn und Lebensende werden einander gegenübergestellt und miteinander verbunden. Die Schwachheit des Kindes und der kampflose Opfertod sind auf diese Weise in einem einzigen Andachtsbild zusammengefaßt.
Die früheste bekannte Umsetzung des Themas vom schlafenden Jesuskind auf dem Kreuz findet man in einem Kupferstich von Jacopo Francia, der vor 1486 in Bologna geboren wurde und 1557 starb. Zwei Putten lüften auf diesem kleinen Blatt einen Vorhang und geben den Blick auf das schlafende Jesuskind frei, das auf einem großen Kreuz ruht. Über ihm hängt an Schleifen eine Tafel mit der Inschrift „Ego dormio et cor meum vigilat“ - Ich schlafe und mein Herz wacht -. Vor dem Kind liegt die Dornenkrone, zusammen mit einem Schriftband „In somno meo requies“ - in meinem Traum ist Erquickung - (Abb. 38).

65 Zitiert nach: Ludwig Clarus (Hg.), Leben und Offenbarungen der heiligen Birgitta. Regensburg 1856
66 Vgl. hierzu: Gizella Firestone, The sleeping Christ-Child in Italian Renaissance Representations of the Madonna In: Marsyas Bd.II, New York 1942, S. 43-62, hier S. 44

38 Jacopo Francia
Auf dem Kreuz
schlafendes Jesuskind
Kupferstich, 1.Hälfte 16. Jh.
Staatl. Graph. Slg. München
Inv. Nr. 1912: 696

Gerade in der italienischen Spätrenaissance und im Barock ist dieses Thema in der Malerei gerne wiederholt worden. Der Anblick eines solchen florentinischen Gemäldes des 17. Jahrhunderts, das er im Jahr 1862 in der Galleria dell'Accademia in Florenz gesehen hat, veranlaßte Eduard Möricke zum Schreiben eines Gedichtes, das mit den Versen beginnt:
„Sohn der Jungfrau, Himmelskind! am Boden
Auf dem Holz der Schmerzen eingeschlafen,
Das der fromme Meister, sinnvoll spielend,
Deinen leichten Träumen unterlegte..." [67].

67 Zitiert bei: Wolfgang Schad, Das Kind auf dem Kreuz. In: die drei. Zeitschrift für Wissenschaft, Kunst und soziales Leben 12/1983, S. 865-875

39 Guido Reni
Das Jesuskind auf dem Kreuz
Frühes 17. Jahrhundert
Sammlungen des Fürsten von Liechtenstein, Vaduz. Inv. Nr. 26

In den Bildern, die die nachbarocke Vorstellung vom Passionskind geprägt haben, findet man neben dem Kreuz und den Leidenswerkzeugen häufig einen von Schlangen umwundenen Totenschädel. Das kleine Andachtsbild des 18. Jahrhundert kennt den Typus des in blumiger Aue auf dem Kreuz schlafenden Jesuskindes, vor dem Schädel und Schlange liegen. Fast stereotyp ist der Vers beigegeben „Ich lieg allhier als wie ein Kind / bis daß ich aufsteh und straf die sünd". Vorbilder für diese volkstümlichen Darstellungen waren Gemälde des italienischen Barock, etwa von Guido Reni (Abb.39) oder Francesco Albani.
All diese Darstellungen spielen auf Vanitas-Bilder von schlafenden Putten oder Kindern an, die ihren Kopf auf einen Totenschädel - Symbol der Vergänglichkeit und des Todes - stützen und in der anderen Hand ein Stundenglas halten; „hodie mihi, cras tibi" lautet die Beischrift oft (heute mir, morgen dir), oder „vanitas vanitatum" (alles ist eitel). Das Motiv des schlafenden Jesuskindes mit Kreuz und Totenkopf darf man als heilsgeschichtliche Vertiefung des Themas ansehen: dieses Kind ist nicht Opfer des allmächtigen Todes, sondern sein Bezwinger. [68]
Darstellungen des auf dem Schoß Mariens schlafenden Jesuskindes sind in der italienischen Malerei, ausgehend von Venedig und Florenz, seit der Renaissance bekannt. Die Bilder des auf die Knie der Mutter hingestreckten Kindes verweisen auf die Pietà, das Vesperbild, das den toten Christus nach der Kreuzabnahme auf dem Schoß der Trauernden zeigt.
Das schlafende Kind verdeutlicht daher nichts anderes als die Vorausahnung des Todes, was mit den oftmals beigegebenen Requisiten noch zusätzlich betont wird, so etwa mit einem vor der Madonna auf dem Boden stehenden Stundenglas.
Formal zeigen Gemälde und besonders Skulpturen des schlafenden Jesuskindes oft eine deutliche Verwandtschaft mit den Liegefiguren auf Kindergräbern der Antike. Hier wurde der Genius des Todes immer wieder als schlafender Putto mit einer nach unten gesenkten, abgebrannten Fackel in der Hand dargestellt, doch konnte mit dem schlafenden kindlichen Thanatos, dem Gott des Todes, auf hellenistischen Gräbern auch der selige Schlaf der Verstorbenen gemeint sein. Die Künstler der Renaissance und des Barock in Italien waren die Vermittler solcher antiker Bildtraditionen, wie etwa auch des schlafenden Eros. So läßt Guido Reni auf einem Gemälde in der Corsini-Galerie in Rom den nackten, geflügelten Amor auf einem Kissen schlafen, neben dem Bogen, Köcher und Pfeile auf dem Boden liegen. Die Übertragung des Amormotivs auf Darstellungen des Jesusknaben war in der barocken Lyrik vorbereitet worden. Nur allzu gerne verglich man das Jesulein mit dem Gott Amor, der das Herz mit seinen Pfeilen trifft; genauso sollten die „Liebspfeile" die Herzen der Frommen treffen, um sie für den Glauben zu entflammen. [69]

68 Friedrich Zoepfl, Das schlafende Jesuskind mit Totenkopf und Leidenswerkzeugen. Ein volkstümliches Bildmotiv und seine Herkunft. In: Volk und Volkstum 1, München 1936, S. 147-164
69 ebenda, S. 155

Skulpturen des Passionskindes und des schlafenden Jesusknaben, im Italien des 18. und 19. Jahrhunderts aus unterschiedlichen Materialien gefertigt, gehorchen niemals den selben strengen Kriterien der Ikonographie wie es Gemälde mit ihrer komplexen Komposition können. Zuweilen wurden vorhandenen Figuren, die man für geeignet hielt, Attribute wie etwa kleine Kreuze beigegeben, in deren Betrachtung sie versunken sind; solche Figuren waren nicht alle von Anbeginn als Passionskinder gedacht. Das schlafende Jesuskind stellt jedoch, wenn es sich um eine unveränderbare Komposition - geborgen unter einem Glassturz - handelt, einen festgefügten Typus dar, der in manchen Fällen noch um eine andere Dimension erweitert wurde; das schlummernde Kind ist umgeben von einem miniaturhaften Abbild der Natur: geschützt unter rankendem Gezweig, sitzt es auf einer mit Glimmer überstreuten Steinbank, kleine Tiere zu seinen Füßen; die belebte und die unbelebte Natur also - der Paradiesgarten - ist der Schauplatz des auf seinen späteren Opfertod hinweisenden Schlafs des Jesuskindes.

40 Schlafendes Jesuskind (Kat. Nr. 108)

Noch ein Wickelkind: die MARIA BAMBINA

41 Farbdruck: Maria Bambina
Mailand, um 1900
(Slg. Kriss, Inv. Nr. Kr. W 6696)

Die meisten der heute bekannten Darstellungen der Maria Bambina, des gewickelten Marienkindes, sind eng mit Mailand verbunden; sie bilden ganz wörtlich das seit der Mitte des 18. Jahrhunderts dort verehrte Gnadenbild nach (Abb. 42). Nicht weit vom Dom der Stadt entfernt befindet sich der Konvent der Suore di Carità, der den Beinamen „zur Maria Bambina" trägt und die vielbesuchte Verehrungsstätte des Marienkindes beherbergt. Auf einem eigenen Altar steht, eingefügt in eine Gruppe musizierender Engel, die vergoldete Bronzewiege mit dem gewickelten Kind darin. Die Wachsfigur ist in dem Wunsch nach Unversehrtheit und Makellosigkeit über die Jahrhunderte immer wieder neu gestaltet und immer wieder ausgetauscht worden, wobei ihr ursprüngliches Erscheinungsbild jedoch stets gewahrt blieb. Das Kindlein liegt mit dem Kopf nach rechts in der hoch aufgebetteten Wiege auf einem mit Quasten und Rüschen dekorierten Seidenpolster. Es ist in ein lockeres Steckkissen aus heller Seide eingehüllt, das an vier Stellen mit edelsteinbesetzten Goldborten eng um den Körper geschnürt ist; dadurch bauscht sich der reichlich bemessene Stoff zwischen den Wickelbändern - ein Charakteristikum der Mailänder Maria Bambina. Auf der Brust des Kindes, auf einer Art Lätzchen aus gerafftem Seidenstoff, liegen als Weihegaben wohlhabender Familien kostbare Colliers und Ketten. Das dem Betrachter zugewendete Köpfchen ist von einer Seidenhaube mit vielen Reihen dichter Rüschen umgeben. Im Jahr 1904 wurde die Figur mit einem goldenen Diadem mit Steinbesatz feierlich gekrönt. [70]

Wie aber ist es zur Darstellung der Maria Bambina in Gestalt des Wickelkindes gekommen? Grundvoraussetzung für das Entstehen bildlicher Darstellungen von Maria im Kleinkindalter war das Feiern ihrer Geburt in festgelegten liturgischen Formen. Das Fest der Geburt Mariae wurde - von der griechischen Kirche ausgehend - im 7./8. Jahrhundert von Rom aufgegriffen. Predigten und die religiöse Lyrik des hohen Mittelalters preisen das wunderbare Ereignis in Vorausschau auf die Geburt Christi. [71]

70 Ohne Autor, Il Simulacro e il Santuario di Maria Bambina. Mailand 1959
71 Georges Gharib, La Festa della Natività di Maria tra Oriente e Occidente. In: Maria Bambina - Storia e riflessioni teologiche di una devozione. Brescia 1986, S. 152 f.

42 Kupferstich: Maria Bambina
Italien, 18. Jahrhundert

Seit dem 10. Jahrhundert ist eine besondere Verehrung der Mariengeburt in Mailand nachweisbar, wo aus der ersten kleinen Andachtsstätte schließlich der großartige Dom erwuchs. Es gibt jedoch keinerlei Nachrichten über das ursprünglich als Bambina Maria verehrte Bildwerk. Zur Entstehungsgeschichte des jetzigen Gnadenbildes berichten die Quellen von der Franziskanerin Isabella Chiara Fornari aus Todi, die in den Jahren zwischen 1720 und 1730 zahlreiche Jesus- und auch Marienkinder aus Wachs modellierte; das Vorbild, an dem sie sich vermutlich in der Gestaltung der Maria Bambina orientiert hat, ist nicht bekannt. Eine dieser Figuren kam als Geschenk in den Besitz des Geistlichen Alberico Simonetta, der sie 1739 den Kapuzinerinnen von Santa Maria degli Angeli vermachte; in ihrem Konvent genoß sie bald große Verehrung. Nach der Aufhebung der Klöster zu Ende des 18. Jahrhunderts gelangte die Figur schließlich nach vielen Irrwegen in das Ciceri-Hospital, wo sie Schwestern und Kranken Kraft und Tröstung gab. 1876 wurde sie an ihren heutigen Platz, in das Mutterhaus des Ordens, gebracht.
Das Gnadenbild der Maria Bambina, bei dessen bloßem Anblick im Jahr 1884 eine schwer erkrankte Novizin plötzlich gesund geworden sein soll, erlebte um die Jahrhundertwende große Popularität; zahllose Dankvotive in der Kapelle legten davon ebenso Zeugnis ab wie die Errichtung weiterer Verehrungsstätten zu ihren Ehren, so zum Beispiel in Brescia 1888.
Als 1934 der fünfzigste Jahrestag des ersten Wunders feierlich begangen wurde, waren die Vorboten des Zweiten Weltkriegs schon nicht mehr zu übersehen. Mitten im Krieg, im November 1942, forderte Papst Pius XII. an dem Tag, an dem das Gnadenbild hundert Jahre zuvor in den Konvent gekommen war, die Schwestern auf, Maria Bambina um Frieden zu bitten

(„...implorare dalla Celeste Bambina il ritorno di quella pace nella cui attesa tutto il mondo sanguina e geme“ Vatikan, 13. November 1942). 1984 konnte die hundertste Wiederkehr des ersten Wunders gefeiert werden.
Außerhalb Norditaliens ist die Verehrung der Maria Bambina eher unbekannt, in Mailand und Umgebung aber blüht sie noch heute. Nachbildungen des Gnadenbildes - meist ebenfalls mit einem Kopf aus Wachs und textiler Bekleidung - sind als Hochzeitsgeschenke äußerst beliebt. Die kleinen Figuren in den aus Metalldrähten nachgebildeten Wiegen sind fast immer in einen querovalen Glassturz eingeschlossen, der reichlich Platz bietet für Papier- und Stoffblütenranken, für getrocknete Blumen und Gräser und andere Auszier. Auch in Modeln aus Ton gegossene Nachformungen des Marienkindes wurden gerne als häusliches Andachtsbild und als Schutzzeichen für die Familie zu bestimmten Festen verschenkt; sie können sich in ihrer Farbfassung deutlich voneinander unterscheiden, gehen jedoch stets auf dieselbe Gußform zurück.

Neben den Figuren der Maria Bambina, die in ihrer Gestalt ganz eindeutig auf das Mailänder Gnadenbild zurückgehen, wurden im 19. Jahrhundert ungewöhnlich große und besonders prächtige Darstellungen angefertigt, deren Herkunft ebenso unbekannt ist, wie ihre ursprüngliche Verwendung. Sicherlich von spezialisierten Kunsthandwerkern hergestellt, sind allein die in Messing gegossenen Wiegen dieser Marienkinder wesentlich aufwendiger, als das sonst bei häuslichen Andachtsbildern üblich ist. Diese hohe Qualität setzt sich in der Stickerei auf der Wickelung und in der kostbaren Auszier der Kissen fort; es steht außer Zweifel, daß auch diese Teile von professionellen Handwerkerinnen ausgeführt worden sind.
Überraschend ist zudem die Größe der Figuren, von denen sich zwei in der gezeigten Privatsammlung befinden: ein Gesamtmaß von mehr als 50 cm in der Länge und fast 40 cm in der Breite geht weit über das für die häusliche Verehrung Übliche hinaus. Zudem orientieren sich diese beiden Darstellungen der Maria Bambina, die untereinander große Ähnlichkeiten zeigen, in gar keiner Weise am Mailänder Gnadenbild. Bis heute ist nicht erforscht, ob es im frühen 19. Jahrhundert in Italien noch andere Wallfahrtsstättten der Maria Bambina gab, auf die diese beiden Darstellungen Bezug nehmen könnten; angesichts ihrer Kostbarkeit wäre es sogar denkbar, daß sie selbst Gegenstand öffentlicher Verehrung gewesen sind.

43 Maria Bambina (Detail)
(Kat. Nr. 129)

Zu den MATERIALIEN aus denen Jesuskindfiguren gefertigt wurden

Ein beträchtlicher Teil der bis heute in öffentlichen und privaten Sammlungen erhalten gebliebenen Jesuskindfiguren - von den frühesten Stücken aus dem 14. Jahrhundert bis in unsere Zeit - sind aus Holz geschnitzt und mit einer farbigen Fassung versehen. Gerade die hoch- und spätmittelalterlichen Skulpturen sind Arbeiten von Bildhauern in Holz; im Barock fand vor allem in Italien die Bronze als weiteres Material Verwendung, ebenso das Elfenbein, aus dem sehr feine, kleine und zarte Figürchen wie etwa das Loretokindl in Salzburg gearbeitet wurden. Früh schon sind aus Italien Jesuskindfiguren in der Gestalt von Wickelkindern aus Ton bekannt. Wachs kam hinzu, nachdem man im Barock erkannt hatte, daß die menschliche Haut in diesem Material besonders lebensecht nachgebildet werden konnte, und schließlich trifft man, gerade im 19. Jahrhundert, auf sehr viele Jesuskindfiguren, die aus Cartapesta, aus Papiermaché, geformt sind.
Von den genannten Materialien, von den Besonderheiten ihrer Verarbeitung und - so weit das überhaupt möglich ist - von den Künstlern handelt dieses Kapitel.

44 Stehendes Jesuskind (Detail)
(Kat. Nr. 88)

Dabei ist es nicht erforderlich, ausführlich über die aus Holz geschnitzten und farbig gefaßten Jesuskindfiguren zu berichten - sie unterscheiden sich in nichts von anderen Holzskulpturen der jeweiligen Zeit und Kunstlandschaft. Ein wichtiges Charakteristikum ist zwar in ihren sehr lebendig wirkenden Glasaugen zu sehen, doch wurden diese auch in die Köpfe von Ton- und Cartapestafiguren eingesetzt.
Wenden wir uns daher den eher ungewöhnlichen Materialien wie dem Ton zu. Gänzlich aus Terracotta modellierte Jesuskindfiguren sind die Ausnahme; zumeist wurden nur die Köpfchen und zuweilen auch die Gliedmaßen aus diesem recht schweren Material gestaltet, der Körper hingegen über Draht aus dem leichten Werg und aus Stoffresten geformt. In ihrer Herstellungsart gleichen diese Jesuskindfiguren, die selbstverständlich von vorneherein zum Bekleiden gedacht waren, den ebenfalls in Süditalien - meist in Neapel - seit dem frühen 18. Jahrhundert angefertigten Krippenfiguren. Die vermutlich von gut ausgebildeten Künstlern frei modellierten Köpfe der Jesulein sind meist nicht puppenartig-stereotyp, sondern eher individuell gestaltet. Nach den beiden Bränden, die der Ton erfordert - dem Schrüh- und dem Glasurbrand - wurden die Glasaugen eingesetzt. Wie bei den Krippenfiguren reichen die aus Ton modellierten oder aus Holz geschnitzten und farbig gefaßten Hände und Unterarme nur bis zu den Ellbogen, die Füße und Beine zu den Knien.
Auf Draht aufgezogen ergaben die fünf Teile - Kopf, Arme und Beine - das Gerüst einer Figur, die erst durch das Umwickeln mit Werg wirklich Gestalt annahm. Diese materialsparende Anfertigung hatte ihren größten Vorteil aber in der Beweglichkeit der Figuren: solange der Draht noch unverbraucht und biegsam war, konnten die Figuren liegen, sitzen, knien und gestikulieren. Darüber hinaus erleichterte die Beweglichkeit der Arme und Beine das oftmalige Umkleiden der Jesuskindfiguren. Flexibilität der Gliedmaßen konnte natürlich auch durch das Einsetzen geschnitzter Kugelgelenke in Schultern, Ellbogen, Hüften und Knie erreicht werden und auch dafür gibt es Beispiele. Diese Figuren unterscheiden sich in der Gestaltung ihrer Körper oft kaum von Spielpuppen ihrer Zeit, die von den kleinen Mädchen an- und ausgezogen wurden.

45 Unbekleidete Marienfigur (Kat. Nr. 122)

46 Bekleidete Marienfigur (Kat. Nr. 122)

Konnte mit dem Draht- und Wergkörper einer Figur das hohe Gewicht des Terracottakopfes zwar in etwa ausgeglichen werden, ersann man doch weitere Möglichkeiten, Figuren mit niedrigem Gewicht herzustellen - besonders, wenn sie auf Prozessionen mitgetragen werden sollten. So ist bei Tragefiguren, wie etwa bei einigen der ausgestellten Mariendarstellungen, oft nur der Oberkörper aus verhältnismäßig solidem Material wie etwa Holz hergestellt, das den Unterkörper bedeckende Gewand jedoch ruht lediglich auf gebogenen Holzlatten, die zu einer Art Krinoline zusammengefügt sind.
Gerade bei solchen einer tatsächlichen „Benutzung" dienenden Figuren begegnet man immer wieder Veränderungen, die im Laufe der Zeit an ihnen vorgenommen wurden. So hat man im 18. Jahrhundert, als der Brauch des Bekleidens von Marien- und Jesuskindfiguren seinen Höhepunkt erreicht hatte, vielfach ältere Skulpturen an bestimmten Stellen - bei Maria zum Beispiel in der Taille - nachgeschnitzt; das heißt man hat, ungeachtet der ursprünglichen Ausgewogenheit der Komposition und der Unversehrheit der farbigen Fassung, mit dem Stemmeisen eine neue Form geschaffen, die sich besser zum Bekleiden eignete. Mag das einerseits nach unserem heutigen Empfinden Ausdruck eines äußerst respektlosen Umgangs mit Kunstwerken sein, kann daran auf der anderen Seite die anhaltende Verehrung gerade vieler Marienfiguren abgelesen werden, die auf diese Weise einer sich wandelnden Frömmigkeit angepaßt wurden.
Wachs gehörte im süddeutschen Raum wie auch in Italien zu den beliebtesten Materialien, wenn es galt, gewickelte oder auch nackte, in kindlicher Strampelhaltung wiedergegebene Jesuskinder zu modellieren. Wachs kann eingefärbt werden und erhält dann einen der menschlichen Haut besonders nahekommenden Farbton. Wachs kann aber auch nach dem Guß mit Ölfarben bemalt werden; das leichte Wangenrot, die Augenbrauen und - wenn das Kindlein keine Glasaugen hatte - auch Iris und Wimpern konnten mit feinen Pinseln haltbar aufgetragen werden. Dasselbe gilt für die oft äußerst detaillierte Bemalung der Wickelbänder bei den ganz aus Wachs geformten Fatschenkindern.

47 Liegendes Jesuskind (Kat. Nr. 9)

Nahezu alle wächsernen Jesuskinder - oder auch nur ihre Köpfe - wurden in Einzelteilen aus Gipsmodeln gegossen; nach dem Zusammenfügen - dem Verlöten - wurden sie von Hand überarbeitet und nachmodelliert. Wachsköpfchen konnten anschließend mit echten Haaren oder solchen aus Flachs versehen werden; dazu brauchte es keine ganze Perücke, denn die Härchen wurden büschelweise, oder bei den ganz wertvollen Figuren sogar einzeln, in das leicht angewärmte Wachs eingesetzt.

Daß Wachskünstler oder auch Klosterfrauen größere Figuren gänzlich frei in Wachs bossiert, das heißt modelliert hätten, ist eher unwahrscheinlich. Dennoch sind einige wenige Namen von Nonnen bekannt, deren künstlerische Begabung sie auch dazu befähigte; die Quellenlage und der hohe Stand der Quellenauswertung hierzulande führen dazu, daß wir auch solche Nachrichten wiederum nur aus dem üddeutschen Raum haben. So kennt man etwa die Tochter des Barockmalers und -baumeisters Cosmas Damian Asam, Johanna Nepomuca um 1740/50 im Ursulinenkloster in Straubing als äußerst begabte Wachskünstlerin oder im Salzburger Benediktinerinnenstift Nonnberg Anna Maria Josepha von Vierholz, die in einem Nachruf in ihrem Sterbejahr 1701 eine „in der Wachsarbeit seltzame Künstlerin" genannt wird. [72] Andererseits berichten manche Archivalien, daß die in den Klöstern aufbewahrten und dort hochverehrten oder auch von diesen verschenkten wächsernen Jesuskindfiguren oftmals von bekannten Künstlern auf Bestellung angefertigt worden waren. So beauftragte die Salzburger Abtei Nonnberg im Jahr 1766 den Schöpfer der dortigen Mariensäule, den Bildhauer Johann Baptist Hagenauer, als Geschenk für den Fürstbischof Sigmund Graf Schrattenbach ein „vornehmes Kunststückh aus Wax" anzufertigen. [73] Im 17. und 18. Jahrhundert gab es einige recht bedeutende Künstler, die neben anderen Materialien auch das Wachs für Porträts und Halbfiguren, etwa von Heiligen, verwendeten. Nachrichten über die Herstellung wächserner Jesuskindfiguren in darauf spezialisierten Ateliers und Werkstätten sind jedoch nicht bekannt.

72 Adolf Hahnl, Von Wachsbossierern in Salzburg. In: Köstlich altes Wachsgebild. Kat. Dommuseum. Salzburg 1977, S. 55
73 Ursula Pfistermeister, Wachs. Volkskunst und Brauch. Nürnberg 1983, S. 232

48 Schlafendes Jesuskind (Kat. Nr. 107)

Aufschlußreich und auch auf andere Herstellungsgebiete wie zum Beispiel Italien übertragbar sind die Anweisungen, „sich schön Posir-Wachs zu machen“, wie sie in Johann Heinrich Zedlers Universallexikon aus dem Jahr 1738 zu finden sind. Aus der über mehrere Seiten reichenden, äußerst detaillierten Anleitung seien nur einige Passagen zitiert: „Man nimmt weiß Wachs ein Loth, gestossen Bleyweiß ein halb Loth, auch etwas schönen Venedischen Terpentin, und ein wenig schönen weissen Bocks-Talg, lasset es mit einander auf einem gelinden Kohlfeuer zusammen schmeltzen, und giesset es in rein kalt Wasser, oder in eine Form...und macht man aus diesem weissen Wachse ein leibfarben Wachs, so muß man nicht allzuviel Zinnober darzu thun. Etliche setzen auch Bock-Talg zu diesem weissen Wachse, so kan man allerley Gesichter und schöne nackende Bilder daraus machen.“ Zedler beschreibt nun den Guß der Einzelteile und ihr Verlöten und rät dann, „wie dieselben sollen ausgezieret werden, nehmlich, wie man dieselben soll ausputzen, die Augen darein setzen, die Wangen, Lippen und Nasen-Löcher röthen, den Kopf mit Haaren bedecken, und letztlich auf ein wohl geziertes Postiment stellen...“ [74] Nach vergleichbaren Rezepturen und Anleitungen sind in denselben Jahren des mittleren 18. Jahrhunderts auch in Italien zahllose Krippenjesulein mit einer leichten Windel als Bekleidung entstanden und ebenso viele, die in verglasten und bemalten Holzkästchen liegen; daneben solche, die das Jesulein als Guten Hirten darstellen oder als Passionskind. Wachs ist dasjenige Material, das sogar bis in unsere Zeit am häufigsten verwendet wird, wenn es gilt, Figuren des Jesuskindes als weihnachtlichen Festschmuck herzustellen.

Nicht beim bloßen Anblick, sondern oft erst beim Anheben einzelner Jesuskindfiguren ist zu erkennen, daß manche von ihnen nicht aus Holz geschnitzt, sondern aus einem wesentlich leichteren Material geformt sind: aus Cartapesta, zu deutsch Pappmaché oder Papiermaché. Im 15. Jahrhundert, als sich auch im privaten Bereich das Verlangen nach Kunstbesitz entwickelte, spielte zum ersten Mal der Preis für Skulpturen, Reliefs, Ausstattungsteile und Raumdekorationen eine Rolle. Damals wurden in Florenz Kunstgegenstände aus Gips, Wachs, Ton, Stuck und eben Cartapesta in größerer Zahl reproduziert.

Von besonderem Vorteil war dabei die relativ kurze Anfertigungszeit der meist in Teilen gegossenen und dann zusammengefügten Stücke, ihr aufgrund der Verwendung von Altpapier als Herstellungsmaterial geringer Preis und vor allem die verblüffende Wirkung, die durch eine feine Farbfassung auf dem geschliffenen Untergrund erzielt werden konnte.

Diese Eigenschaften machte man sich besonders bei der Anfertigung von Prozessionsfiguren zu Nutze, die ein geringes Gewicht haben, aber andererseits in ihrer optischen und ästhetischen Wirkung gefaßten Holzskulpturen in nichts nachstehen sollten. Zudem sind Figuren aus Cartapesta nahezu unzerbrechlich; empfindlich reagieren sie lediglich auf hohe Luftfeuchtigkeit. Daß gerade in den florentinischen Bildhauerwerkstätten des 15. Jahrhunderts mit der Herstellung von Cartapestafiguren und -reliefs begonnen wurde, mag daran liegen, daß dieses billige Material dort schon lange zur Anfertigung von Modellen für Großplastiken verwendet worden war. [75]

Man geht heute davon aus, daß die Verwendung von Papiermaché zur Produktion von Heiligenfiguren für Kirchen und Kapellen, als Tragefiguren und vor allem als häusliche Andachtsbilder - ausgehend von Florenz - zunächst in Venedig, Genua, Bologna und Rom üblich wurde und schließlich ihren Höhepunkt in Lecce fand, wo dann im 19. Jahrhundert kleine Heiligen- und Krippenfiguren sowie Jesuskinder in Mengen und in einem sehr volkstümlichem Stil entstanden. [76]

Immer galt die Herstellung von Pappmachéfiguren als „armes Gewerbe“, wobei nicht nur das Grundmaterial - Lumpen und bedrucktes Papier - äußerst billig war; auch die Art, wie größere Figuren aufgebaut wurden, trug zu dieser Bezeichnung bei: sie entstanden fast ausschließlich über einem mit Stroh umwickelten Drahtgestell. Als teuerste Materialien bei der Anfertigung von Cartapestafiguren wird immer wieder der Gips zum Verspachteln der Oberfläche und die Farbe zum Bemalen bezeichnet. Es verwundert deshalb nicht, daß die Stücke zunächst im Nebenerwerb hergestellt wurden.

74 Johann Heinrich Zedler, Universallexikon aller Wissenschaften und Künste. Leipzig und Halle 1738, hier Bd.XVII, S. 250
75 Vgl. hierzu das Stichwort „Cartapesta“ In: Grande Enciclopedia dell'Antiquariato. Bd. XI, Varia. Novara, o.J., S. 258-260
76 Caterina Ragusa, Guida alla Cartapesta Leccese Lecce 1997

Die älteste erhaltene, großformatige Figur aus Lecce, die vor die Zeit um 1800 zu datieren ist, trägt glücklicherweise eine Signatur und so ist ein Protagonist dieser Kunst namentlich überliefert: Pietro Surgente (1742-1827) hat die Figur eines hl. Laurentius modelliert, die sich in Lecce erhalten hat. Von Interesse ist aber vor allem Surgentes Hauptbeschäftigung, denn neben ihm betätigten sich bis zur Mitte des vergangenen Jahrhunderts zahlreiche Angehörige gerade dieser seiner Berufssparte als Hersteller von Pappmachéfiguren: es waren die Friseure. „Zwischen zwei Bärten", heißt es oft, hätten sie in ihren Salons kleine Figuren aus dem billigen Papierbrei gegossen und dann zum Trocknen vor der Tür, entlang der Straße oder einer Mauer in die Sonne gestellt. So hätten alle Nachbarn und zufälligen Passanten in die Diskussion um die Qualität der Erzeugnisse eingreifen können und schließlich sei aus einer simplen Barbierstube eine wahre Schule des Sehens, ein Zentrum der Geschmacksbildung geworden.[77] Die Produktion der Friseure - Krippenfiguren, liegende und stehende Jesuskinder und Heilige - muß man sich vermutlich kleinformatig vorstellen; die Figuren dienten als häusliche Andachtsbilder, die das ganze Jahr in einer Mauernische oder nur zu Weihnachten in der Krippe aufgestellt wurden. Erst als sich der junge Antonio Maccagnani, der eigentlich in Neapel Medizin studieren sollte, in Lecce der Anfertigung von Cartapestaarbeiten widmete, entstanden größere und schließlich lebensgroße Figuren zur Verwendung in Kirchen.

Der Erfolg brachte es mit sich, daß bald neben den kleinen privaten Werkstätten, die nun - um 1900 - nicht mehr in den Friseursalons untergebracht waren, drei große Manufakturen mit vielen Arbeitern eingerichtet werden konnten und ein hoher Qualitätsstandard ihre Figuren berühmt machte. Eine solche Produktionsstätte betrieb Luigi Guacci (1871-1934) und auch der 1849 geborene Giuseppe Manzo ist als Hersteller religiöser Kleinplastik bekannt. Um 1920/30 jedoch gab es den ersten Einbruch, als Cartapestafiguren immer häufiger als Kitsch bezeichnet wurden, was den Käufern die Freude an ihnen nahm. Viele kleine Werkstätten verlegten sich damals auf die Anfertigung von Puppenköpfen und -gliedmaßen, andere mußten den Betrieb ganz einstellen.

Den letzten schweren Schlag erlitt die Produktion von Heiligenfiguren aus Cartapesta in den 50er Jahren, als der Erzbischof von Otranto die Stücke verteufelte, die, wie er befürchtete, aus dem Papier antiklerikaler Zeitungen, ja sogar aus Spielkarten hergestellt worden waren.

Aus welchen Ingredienzien bestand der Papierbrei nun tasächlich und in welchen Arbeitsgängen entstand eine Figur? Zunächst mußte ein Bozzetto - ein Modell - aus Ton modelliert werden; davon konnten dann die Gipsformen für den Guß abgenommen werden. Für Aktfiguren, wie etwa die liegenden Jesuskinder, entstanden auf diese Weise zwei Gipsschalen, von denen eine den unteren Teil des Körpers und die zweite den oberen Teil zeigte; die Nahtstellen verlaufen hier an den Längsseiten der Arme und Beine. Der Papierbrei aus klein gerissenem Altpapier, vermischt mit tierischem Leim und Wasser, wurde sehr dünn und relativ flüssig in diese Formen gegossen. Nach dem Trocknen, das am günstigsten in der Sonne, im Winter allerdings auch am Ofen vor sich ging, konnten die Teile meist ohne Schwierigkeiten herausgelöst und sorgfältig zusammenfügt werden. Den nächsten Schritt bildete bei den Aktfiguren das sehr aufwendige Glätten der Gußnaht mit angewärmten Metallspachteln. Für Figuren, die bekleidet dargestellt wurden, hat man nur Köpfe, Arme und Beine gegossen und sie dann an einem aus Draht und Stroh vorgeformten Körper befestigt. In allen Fällen mußten schmale Papierstreifen Lage für Lage auf die Nahtstellen aufgeklebt werden, um sie zu kaschieren und eine gewisse Stabilität zu erreichen. Im nächsten Arbeitsgang wurden auf den Kopf beziehungsweise auf die ganze Figur unzählige sehr kleine Papierstücke in einer ganz bestimmten Weise einzeln übereinander geklebt und sofort mit dem Spachtel anmodelliert. Die Konturen dieser Papierchen verschwanden erst beim anschließenden Erhitzen über einem Kohlefeuer.

Den letzten Arbeitsgang des Modellierens stellte das sorgfältige Auftragen mehrerer dünner Gips- und Hasenleimschichten mit einem Pinsel dar, die später mit feinem Schmirgelpapier immer wieder geschliffen wurden und so den Untergrund für die oft sehr zarte farbige Fassung mit Ölfarben bildeten.[78]

Jesuskindfiguren aus Cartapesta konnten zu günstigen Preisen auf den Markt gebracht und von jedermann erworben werden. Die Modelle sind in großer Stückzahl hergestellt worden und so findet man zuweilen mehrere Ausformungen, die sich allerdings in ihrer Bemalung geringfügig voneinander unterscheiden.

77 Irene Maria Malecore, Arte popolare della cartapesta nel Salento. In: La ricerca folklorica 12, Brescia 1985, S. 125- 130
78 Vincenza Fortuzzi, Immagini sulla Cartapesta. Museo Civico. Lecce 1985, S. 28 f.

49 Schlafendes Jesuskind (Detail)
(Kat. Nr. 78)

Die Sammlung HIKY MAYR

Es gibt wohl kein Museum und keine zweite Privatsammlung, die so reich ist an herausragenden figürlichen Darstellungen des Jesusknaben wie die Sammlung Hiky Mayr. Ausschließlich italienische Werke hat die in München geborene, aber seit langem in Italien lebende Sammlerin mit Gespür, Entdeckerfreude und Liebe zur Sache in den vergangenen 25 Jahren auf Antiquitätenmärkten, im Handel und zuweilen aus Privathand in Norditalien wie auf Reisen in den Süden des Landes zusammengetragen. Die Zeit, um Händler und Märkte aufzusuchen, mußte sich die engagierte Geschäftsfrau zumeist stehlen; ihre Sammelleidenschaft durfte und darf bis heute nur einen geringen Teil ihrer Zeit in Anspruch nehmen. Und doch ist ihre Sammlung mittlerweile auf etwa 170 Skulpturen und Figurengruppen in Kästchen und unter Glasstürzen in unterschiedlichen Größen und aus den verschiedensten Materialien angewachsen. Sie wird niemals als abgeschlossen gelten können, denn immer wieder kommen Neuerwerbungen hinzu, die den vorhandenen reichen Bestand auf das glücklichste ergänzen.
130 Ausstellungsstücke wurden ausgewählt, um in der Weihnachtsausstellung des Jahres 1997 im Bayerischen Nationalmuseum gezeigt zu werden. Die Auswahl fiel schwer, sind doch die in Italien zurückgelassenen 40 Figuren keineswegs weniger sehenswert. Lediglich die Zwänge, die sich durch den zur Verfügung stehenden Platz in den Ausstellungsräumen ergeben, gaben den Ausschlag für die geringfügige Reduzierung der Sammlung.

Beflügelt vom großen Erfolg der Münchner Ausstellung hat die Sammlerin im Jahr 1998 weitere Jesuskindfiguren von herausragender Qualität erworben. Elf dieser Stücke werden nun erstmals in der Weihnachtsausstellung 1998 in Wien und in dieser zweiten, veränderten Auflage des Kataloges der Öffentlichkeit präsentiert. Da die Figuren ausgetauscht wurden, ist die Zahl der ausgestellten 130 Jesuskinder gleich geblieben.

Der zeitliche Bogen der Sammlung Hiky Mayr spannt sich über die vergangenen 300 Jahre, wobei die meisten Figuren aus dem 19. Jahrhundert stammen. Zu dieser Zeit nämlich besaß besonders in Süditalien fast jede Familie eine Jesuskindfigur aus Holz, Wachs, Ton oder Pappmaché, die vermutlich nicht nur zu Weihnachten aufgestellt wurde, sondern als privates Andachtsbild das ganze Jahr über präsent war. In einer säkularisierten Zeit, in der die Erben oft nur mehr wenig Verständnis für die Bilder und Zeichen des Glaubens haben, die für ihre Vorfahren einen wichtigen Bestandteil der häuslichen Umgebung ausgemacht hatten, kommen Jesuskind- genauso wie Heiligenfiguren in großer Zahl in den Antiquitätenhandel und auf die überall in Italien mehrmals jährlich stattfindenen Märkte. Dennoch aber sind Spürsinn und Kennerschaft nötig, um aus diesem Angebot mit sicherem Blick die herausragenden Stücke auszuwählen und auf diese Weise eine so umfangreiche und aussagekräftige Sammlung zusammenzutragen. Ihre über Jahre erworbene Kennerschaft ermöglicht Hiky Mayr immer wieder überraschende Funde.

In der Sammlung Hiky Mayr sind alle wichtigen und bekannten Typen von Jesuskinddarstellungen vielfach und in hoher Qualität vertreten: Ausgehend von dem liegenden Krippenkind in seiner Hilflosigkeit über den stehenden, nackten Knaben von einem bis zwei Jahren als Verdeutlichung der Menschwerdung Jesu bis zum Passionskind, das bereits um seine spätere Bestimmung im Opfertod weiß. In besonderer Vielfalt vertreten ist der Typus des kostbar bekleideten „piccolo rè", des kleinen Königs mit Lockenperücke und Krone.
Eine reiche Sammlung originaler Kleider mit feinen Stickereien, Applikationen von Perlen und farbigen Glassteinen oder kostbaren Spitzenbesätzen steht für die Jesuskindfiguren zur Verfügung. Daß diese Gewänder einmal diesem und dann wieder einem anderen Jesusknaben angezogen werden, ist Ausdruck des spezifischen Charakters einer Privatsammlung.

Ebenso kennzeichnen einige aus wertvollen alten Materialien nach historischen Vorbildern neu angefertigte Kleider und Mäntel für die Figuren den liebevollen Umgang einer Sammlerin mit ihrem Besitz. Diese Gewänder ergänzen in sinnvoller Weise die vielen authentisch überlieferten Beispiele in der Sammlung, denn nicht jede Jesuskindfigur kann heute noch in ihrer ursprünglichen Bekleidung erworben werden.
Hiky Mayr hält deshalb auf Messen und Märkten nicht nur nach den Figuren selbst Ausschau, sondern auch nach Seidenstoffen, Samten und Brokaten, Spitzen und Borten, Pailletten und Fransen, die sie in ihrer kleinen Werkstatt sorgsam aufbewahrt, um sicher zu sein, stets die passenden historischen Zutaten für Ergänzungen an der Garderobe der Jesuskinder zur Verfügung zu haben. Einzelne Krönchen, Zepter, Weltkugeln und Blütenstengel, die einmal zur Ausstattung von Jesuskindfiguren gehörten, nimmt sie ebenso in ihren Fundus auf, wie Perücken aus Flachs oder Seide für den „piccolo rè"; so kann sie die bei der Erwerbung oft fehlenden Ausstattungsstücke der kleinen Figuren mit passenden Teilen ergänzen.

Daß neben den Jesuskindfiguren auch eine erstaunliche Anzahl von Darstellungen der Maria Bambina – des Marienkindes – zur Sammlung gehört, erhöht ihren Wert ebenso, wie die Aufnahme einiger besonders qualitätvoller Prozessionsfiguren von Maria und Kind. Gerade diese Figurengruppen zeichnen sich durch ihre aufwendig gearbeiteten originalen Gewänder aus. Mit ihnen schließt sich der Kreis dieser einst in Familienbesitz gehüteten Figuren, die nun in einer wunderbar vielgestaltigen Sammlung ihrer außerordentlicher Bedeutung entsprechend aufbewahrt werden.

50 Kästchen mit liegendem Jesuskind (Kat. Nr. 98)

KATALOG

der ausgestellten Werke aus der Sammlung Hiky Mayr

Das liegende KRIPPENKIND

Mittelpunkt jeder Weihnachtskrippe ist das liegende, meist nur mit einer Windel bekleidete Jesuskind. Doch nicht nur im Zusammenhang mit Maria und Joseph, den beiden Tieren und den anbetenden Hirten und Königen kennt man Darstellungen des Neugeborenen. Lange vor der Entstehung der Weihnachtskrippe und dann viele Jahrhunderte gleichzeitig mit ihr wurden Jesuskinder auf Stroh in einfachen Futterkrippen oder auf prächtigen Kissen in hölzernen Wiegen liegend ausschließlich zur Weihnachtszeit aufgestellt. Sie waren nicht nur festlicher Schmuck, sondern sollten die Gedanken auf die Geburt Christi lenken.

1

Liegendes Jesuskind

Terracotta, farbig gefaßt; Glasaugen
Neapel, 18. Jahrhundert
L: 34 cm

In einer ungewöhnlich lebhaften Körperbewegung hebt das liegende Jesuskind sein rechtes Bein über das linke; dagegen ist der linke Arm vor den Körper geschoben, während der rechte nach unten weist. Die Lebendigkeit des Knaben ist aber vor allem auf die Gestaltung des Kopfes zurückzuführen, aus dem – von fast ornamental wirkenden Locken umgeben – große dunkle Augen den Betrachter ansehen. Der geöffnete Mund mit der kleinen Zahnreihe des Oberkiefers, die rötlichen Wangen und das deutlich hervorgehobene Kinn tragen ihrerseits zum Eindruck eines lebhaften Kindes bei.

2

Liegendes Jesuskind

Holz, farbig gefaßt; Glasaugen
Italien, 18. Jahrhundert (?)
L: 36 cm

Das liegende Jesuskind hat die Arme über dem Körper verschränkt und hält mit der Rechten die goldfarben gefaßte Windel. Sein linkes Füßchen ist erhoben, um die Liegehaltung des kleinen Kindes zu betonen.
Das Knabengesicht mit den leicht abstehenden Ohren hat eingesetzte Glasaugen und einen etwas geöffneten Mund.
Das Köpfchen wird hinterfangen von einem aus Holz geschnitzten, goldfarben gefaßten Nimbus.
Das Jesuskind liegt auf einem Bett aus hellbeiger Seide mit Goldspitzenbesatz.

3

Liegendes Jesuskind

Holz, farbig gefaßt; Glasaugen
Italien, 18./19. Jahrhundert
L: 54 cm

Ungewöhnlich realistisch ist das liegende Jesuskind gestaltet: Das Gesicht zeichnet sich durch den leicht geöffneten Mund, die lebhaften Augen, die gut gestalteten Ohren und die Knabenfrisur mit hellbraunen, kurzen Strähnen aus. Lebhaft ist auch die Bewegung der Arme, wobei die rechte Hand zum Segnen erhoben ist. Die Beine haben die typische strampelnde Haltung der liegenden nackten Krippenkinder.

4

Liegendes Jesuskind

Terracotta, farbig gefaßt; Glasaugen
Wohl Neapel, 18. Jahrhundert
H: 26 cm

Mit leicht geöffnetem Mund, deutlich sichtbaren Zähnchen und nach oben gewandtem Blick wirkt das Jesuskind sehr lebendig. Dieser Eindruck wird verstärkt durch die zarte Rosahöhung auf Wangen und Kinn sowie um den Bauchnabel. Auch der feine Glanz der porzellanartigen Oberfläche trägt zu diesem Eindruck großer Lebendigkeit bei. Bewegtes Lockenhaar in goldbrauner Fassung umspielt den leicht angehobenen Kopf des Kindes. Beide Arme sind dem Betrachter entgegengestreckt, wobei die rechte Hand im Segensgestus gegeben ist.

5

Liegendes Jesuskind

Terracotta, farbig gefaßt; Glasaugen
Wohl Neapel, 19. Jahrhundert
L: 33,5 cm

Das liegende Jesuskind hat leicht angehobene Beine. Es legt seine linke Hand auf sein Herz und hat die Rechte zum Segnen erhoben. Das Gesicht ist nach oben gewendet, der Blick der braunen Augen unterstreicht diese Richtung. Die goldfarbenen Augenbrauen und der helle Ansatz der ansonsten dunklen Locken geben dem Gesicht Helle und Freundlichkeit.

6

Liegendes Jesuskind

Hartholz, farbig gefaßt; Glasaugen; Stuck
Neapel, 18. Jahrhundert
L: 31 cm

Der liebliche Ausdruck des liegenden Krippenkindes rührt von dem besonders ebenmäßigen, zarten Gesicht her, das durch die feinen, schön geschwungenen Brauen, die gerade Nase und den rosafarbenen, nur wenig geöffneten Mund charakterisiert ist. Das knabenhaft kurze braune Lockenhaar wurde vermutlich aus Stuck an die Schnitzfigur anmodelliert. Die Körperhaltung mit leicht angezogenen Beinen und unterschiedlich erhobenen Händen ist typisch für die Krippenkinder Süditaliens am Ende des 18. Jahrhunderts. Das Köpfchen ruht auf einem Strahlenkranz aus Silber; Liegepolster und Kopfkissen sind aus türkisblau-silbernem Brokat mit Silberbortenbesatz angefertigt.

7

Liegendes Jesuskind in Korbbett

Figur: Wachs, teilweise bemalt; Glasaugen;
Bett: Holz und Korbgeflecht mit farbiger Fassung; Textilien
Süditalien, 18. Jahrhundert
Figur L: 36,5 cm; Bett L: 56 cm; B: 26 cm; H: 21 cm

In einem teils geflochtenen, teils aus Holzteilen zusammengefügten, in Venezianischgrün und Gold gefaßten Bettchen liegt ein Wachsjesulein mit erhobenen Armen und leicht angewinkeltem rechten Bein.
Die braunen Haare sind in die Stirn hineingemalt und haben die Farbe der Augenbrauen. Die eingesetzten Glasaugen zeigen ebenfalls ein dunkles Braun, das Rot der geöffneten Lippen ist leuchtend.

8

Liegendes bekleidetes Jesuskind

Wachs, teilweise bemalt;
Perücke aus Naturfasern
Süditalien, 19. Jahrhundert
L: 28 cm

Auf einem weißen ovalen Seidenkissen mit Spitzenbesatz liegt mit geschlossenen Beinen und erhobenen Händchen ein wächsernes Jesuskind mit gemalten, blauen Augen und einem hellrosafarbenen, geschlossenen Mund. Die nur noch in Resten erhaltenen Locken sind aus Naturfasern gedreht.
Das Jesulein trägt über einem weißem Hemdhöschen ein ebensolches Hemd mit einem Überwurf aus Tüllspitze.

9

Liegendes Jesuskind

Wachs, bemalt; Glasaugen
Süditalien, 19. Jahrhundert
L: 34 cm

Das auf dem Rücken liegende Jesuskind wendet sich deutlich auf seine rechte Körperseite und streckt dem Betrachter seine rechte Hand entgegen; die linke ist mit geöffneten Fingern nach oben gereckt. Das Knabengesicht mit der hohen Stirn wird umrahmt von braunen Strähnen; die großen dunklen Augen blicken geradeaus, der Mund ist klein und leicht geöffnet, drei Grübchen in Wangen und Kinn unterstreichen das Kindhafte der Figur. Das nackte Kind liegt auf einem ehemals tomatroten Seidenpolster mit dazugehörigem Kissen, das mit Goldborten und Sträußchen aus Bouillondraht verziert ist.

10

Liegendes Jesuskind

Cartapesta, farbig gefaßt; Silberblech
Süditalien, 19. Jahrhundert
L: 35 cm

Auf einem ovalen, spitzenbesetzten Seidenkissen liegt das Jesuskind in kleinkindhafter Strampelhaltung, mit ausgebreiteten Armen und auf die Brust gedrücktem Kinn. Die kurzen gelbbraunen Haare sind angearbeitet, ebenso die hellblau gefaßte, lebhaft bewegte Windel. Der strahlenförmige Nimbus ist aus ungleichmäßig langen, reliefartig gedrückten Silberblechstreifen zusammengefügt.

11

Jesuskind auf goldener Liege

Figur: Holz, farbig gefaßt; Glasaugen
Italien, 18. Jahrhundert
L: 37 cm
Sockel (Liege): Holz, geschnitzt und vergoldet
H: 12,5; L: 38; B: 23 cm
Italien, 18. Jahrhundert

Auf einer an der Schauseite mit reichen, vergoldeten Ornamenten versehenen, nach oben ansteigenden Liege ruht auf weißen und roten, quastenverzierten Seidenkissen der unbekleidete Jesusknabe in lebhafter Körperdrehung. Das Kind liegt mit leicht angezogenen Beinen auf seiner linken Körperhälfte und wendet dem Betrachter den Kopf über seine rechte Schulter hinweg zu. Die linke Hand führt es zum Herzen, die rechte liegt auf dem Oberschenkel. Der lebhafte Ausdruck des Knaben rührt vor allem von dem leicht geöffneten Mund, den geröteten Wangen und den großen, dunklen Augen her. Das kurze braune Haar ist in gewellten Strähnen angeschnitzt. Der Kopf des Jesuskindes ruht auf einem vergoldeten Nimbus mit feinen Strahlen.

GEWICKELTE Jesuskinder

Neben dem nackten Jesulein in kindlicher Strampelhaltung gibt es seit den frühesten Darstellungen der Geburt Christi den Typus des in Tücher und Bänder gewickelten Kindes, dessen beide Arme eng am Körper anliegen. In Süddeutschland wird es Fatschenkind genannt, was vom lateinischen „fasces", Rutenbündel, kommt; so, wie die Bündel der Liktoren in Rom gewickelt waren, so waren es über Jahrhunderte alle Kleinkinder.
Seit der Barockzeit sind die gewickelten Jesuskinder besonders beliebt, gaben Steckkissen und Wickelbänder doch reichlich Gelegenheit zur Verzierung mit kostbarer Stickerei, mit Perlen und Pailletten.

12

Gewickeltes Jesuskind

Cartapesta, farbig gefaßt; Glasaugen; Textilien
Süditalien, 19. Jahrhundert
L: 51,5 cm

Lebhaft wirkt das gewickelte Kind nicht nur durch die nach oben gestreckten Arme, sondern auch durch die Gesichtszüge: unter braunem Lockenhaar und hoher Stirn sitzen sehr große dunkle Glasaugen mit fein gearbeiteter Umrandung. Der leicht lächelnde rote Mund ist etwas geöffnet, die Wangen sind rosa gehöht. Ungewöhnlich ist die Wickelung, die beide Arme freiläßt. Das (ergänzte) Oberteil ist wie eine Bluse mit kurzen Ärmelansätzen und einer Bortenumrahmung des Dekolletés gearbeitet. Auf das Steckkissen aus grüner Ripsseide wurden Ornamente in Silberdrahtstickerei mit Perlenbesatz aufgenäht. Das Kind ruht auf einem aus alten Materialien neu gestalteten Polster in altrosa Seide mit Goldfransenbesatz; sein Strahlenkranz in Silberfadenstickerei ist original.

13

Gewickeltes Jesuskind

Wachs, bemalt; Glasaugen; Textilien; Messingblech
Süditalien, 19. Jahrhundert
L: 38 cm

Auf einem dunkelroten Samtkissen mit Goldbortenbesatz liegt ein langgestrecktes Wickelkind mit einem Strahlenkranz aus unterschiedlich geformten Messingblechstreifen. Der Kopf ist aus einem im Laufe der Zeit stark nachgedunkelten Wachs gegossen, hat eingesetzte dunkle Glasaugen und ein leicht geöffnetes rotes Mündchen. Das Steckkissen besteht aus lachsrosa Samt mit Ornamenten in Goldfadenstickerei mit Paillettenverzierung und aufgesetzten Glassteinen. Umrahmt wird das Steckkissen von Gold- und Tüllspitzen.

14

Gewickeltes Jesuskind

Wachs, bemalt; Glasaugen; Textilien; Glassteine, Perlen, Goldfäden
Italien, 19. Jahrhundert
L: 44 cm

Auf einem goldgelben Seidenpolster und einem Kopfkissen mit aufgenähtem Strahlenkranz aus Goldkordeln liegt das gewickelte Kind mit lebhaft geöffnetem Mund und leuchtend blauen Augen. Sein kurzes braunes Haar ist fein anmodelliert. Die Wickelung aus gestreiftem Goldlamée ist an den Schultern und an den Füßen zu erkennen; darüber wurde ein Zierteil aus cremefarbener Ripsseide gelegt, das mit Goldstickerei in Sprengtechnik, mit farbigen Glassteinen und Wachsperlen verziert ist.

15

Gewickeltes Jesuskind

Wachs, bemalt; Glasaugen; Perücke aus Naturfasern (Flachs ?); Textilien
Süditalien, 18./19. Jahrhundert
L: 41 cm

Sorgfältig geformt ist das kindliche Gesicht: die nach oben blickenden Augen unter den nur leicht angedeuteten Brauen, das Näschen und der geöffnete Mund sowie die fein modellierten Ohren. Das lebendig wirkende Köpfchen wird von Locken aus Naturfasern umrahmt. Die Wickelung aus heller Seide ist mit Gold- und Silberspitzen sowie mit kleinen Ornamenten aus Silberdraht mit Perlenbesatz verziert. Das Kind ruht auf einer Seidenmatratze mit einem Blumenmuster in farbigen Seiden- und in Silberfäden mit Goldbortenumrandung.

16

Gewickeltes Jesuskind

Cartapesta, farbig gefaßt;
Perücke aus Naturfasern (Flachs ?); Textilien; Buntpapier
Süditalien, 19. Jahrhundert
L: 45 cm

Der aus Cartapesta geformte Kopf zeigt die bei Jesuskindern dieser Zeit immer wieder auftretenden Formen: den ausgesprochen kindlichen, geöffneten Mund mit der hochgezogenen Oberlippe und das mittelbraune Lockenhaar aus Naturfasern. Die steife, extrem lange und unten zunächst schmal zulaufende Form der Wickelung, die sich dann fast halbrund erweitert, erhält einen zusätzlichen Akzent durch die schrägen Wickelbänder in Rot und Beige, die durch geprägte Papierborten voneinander getrennt sind. Aufgesetzte Ornamente aus Spitzen, Golddraht und farbigen Glassteinen betonen die Mitte der Wickelung. Das Kind liegt auf einem einfachen, später hinzugefügten Polster mit Goldbortenbesatz.

17

Gewickeltes Jesuskind

Wachs, bemalt; Glasaugen; Textilien
Süditalien, 19. Jahrhundert
L: 54 cm

Das Wickelkind mit hellem Wachskopf, in den dunkle Glasaugen eingesetzt sind, wirkt puppenhaft-kindlich. Die gelblichen Haare sind aufgemalt, der geöffnete Mund ist rot gefaßt. Die Wickelung aus heller Seide wurde mit Goldfäden bestickt und reich mit aufgenähten Reliefstickereien aus Golddraht verziert.

18

Gewickeltes Jesuskind

Terracotta, farbig gefaßt; Glasaugen;
Perücke aus Naturfasern (Flachs ?);
Silberdraht; Glasperlen; Textilien
Italien, 19. Jahrhundert
L: 50 cm

Das Köpfchen des liegenden Kindes ist nach links gedreht und ein wenig auf die Brust gedrückt; die bloßen Schultern wirken hochgezogen.
Die hohe Stirn, die großen, dunklen Augen, der geöffnete Mund und das Wangenrot betonen die typische Physiognomie eines kleinen Kindes. Die Wickelung aus lachsrosa Seide mit silberfarbener Borten- und Perlenverzierung ist in neuerer Zeit nach historischen Vorbildern mit alten Materialien angefertigt worden.

19

Gewickeltes Jesuskind

Wachs, bemalt;
Perücke aus Naturfasern (Flachs ?);
Glasaugen; Textilien
Italien, 19. Jahrhundert
L: 54 cm

Die schlichte weiße Wickelung des Jesuskindes zeigt zarte Stickereien in Gold- und Seidenfäden, unter denen vor allem das Christusmonogramm IHS auf der Brust auffällt. Das Wachsköpfchen ist von blondem Lockenhaar umgeben; die dunklen Glasaugen sind leicht nach oben gerichtet, der Mund ist geöffnet.

20

Gewickeltes Jesuskind

Wachs, bemalt; Glasaugen;
Perücke aus Naturfasern (Flachs ?);
Körper aus Werg; Textilien
Italien, 19. Jahrhundert
L: 48 cm

Auf einem originalen Polster aus weißem Seidenmoiré, auf das ein Strahlenkranz mit Gold- und Silberfäden aufgestickt ist, liegt ein gewickeltes Jesuskind mit kurzen Locken und einem kindlichen Gesicht mit auffallend rotem geöffneten Mund und roter Zunge.
Es wurde in neuerer Zeit in eine Art Steckkissen aus alten Stoffen, die ursprünglich wohl für Meßgewänder gedient haben, gehüllt.
Das Krönchen ist aus Bouillondraht unter reichlicher Verwendung von farbigen Glassteinen und Perlen gestaltet.

21

Wickelkind in Wiege

Wachs, bemalt; Glasaugen; Perücke aus Naturfasern (Flachs ?); Textilien; Holz
Italien, 19. Jahrhundert
L: Jesuskind: 35 cm. Wiege H: 27; B: 15,5; L: 43 cm

In einer hölzernen Querschwingerwiege liegt auf Polstern und Kissen, die nach alten Vorbildern neu gestaltet wurden, ein gewickeltes Jesulein mit hellem Wachskopf und blonden Locken. Seine Wickelung aus goldfarbener Ripsseide ist mit Bändern aus Gold- und Tüllspitze umgeben und mit Goldstickerei verziert.

22

Liegendes Jesuskind

Terracotta, farbig gefaßt; Perücke aus Naturfasern (Flachs ?); Glasaugen; Textilien
Süditalien, 19. Jahrhundert
L: 34 cm

Die Figur des liegenden Jesuskindes ist ganz aus Terracotta modelliert und mit einem Gewand aus bestickter Seide bekleidet. Dieses zeigt ein Weinrankenmotiv mit Blättern und Trauben und im unteren Drittel des Kleides den Kelch mit dem darüber schwebenden Christusmonogramm IHS in einem reichen Strahlenkranz. Das puppenartige Gesicht des Kindes verdankt seinen lebhaften Ausdruck den dunklen Glasaugen und dem blonden enganliegenden Lockenhaar.

23

Gewickeltes Jesuskind

Wachs, bemalt; Glasaugen; Perücke aus Naturfasern;
Textilien; Silberfäden
Italien, 19. Jahrhundert
L: 34,5 cm

Das puppenhafte Wachsköpfchen wird dicht von aschblonden Locken umrahmt. Die Wickelung aus roter Seide ist am Oberkörper in Biesen gelegt und an den Schultern mit weißer Spitze besetzt. Auf die Oberseite wurde eine schildförmig ausgeschnittene Silberstickerei auf heller Seide aufgelegt, die verschiedene Pflanzen- und Blütenmuster zeigt. Auf der Brust des Kindes ist in einem annähernd dreieckigen Feld auf gestickten Strahlen ein ebenfalls aus Silberfäden gesticktes, dornenumschlungenes Herz, aus dem drei aus roten Seidenfäden gestaltete Flammen schlagen, zu erkennen. Polster und Kissen für das Jesuskind sind aus lanciertem, roten Damast angefertigt.

24

Liegendes Jesuskind

Wachs, bemalt; Glasaugen; Textilien
Italien, 19. Jahrhundert
L: 32 cm

Mit leicht angezogenen Beinen liegt das wächserne Kind auf einem hellroten Seidenpolster. Ein aus rotem Wachs geformtes flammendes und zugleich blutendes Herz ziert die Mitte seiner Brust. Eingehüllt ist die Figur in Silberborten und weiße Spitzen, die die Arme verbergen. Ein Seidenband mit der Aufschrift „Piú voi mi onorerete piú Io vi favoriró" schlingt sich um den Körper des Kindes.

25

Liegendes Jesuskind in Perlenbettchen

Wachs, bemalt; Glasaugen;
Perücke aus Naturfasern (Flachs ?); Textilien; Perlen
Italien, 19. Jahrhundert
L: Figur: 19 cm. Bett H: 32; B: 19; L: 29 cm

Das ganz aus Wachs gegossene kleine Jesulein in kindlicher Liegehaltung mit hochgestreckten Armen trägt ein weißes, besticktes Leinenhemd mit Spitzenbesatz. Es liegt in einem aufwendig gestalteten Bettchen auf hohem Gestell, das aus aufgefädelten Perlensträngen gebildet und mit mehrfarbigen Perlenblüten verziert ist.

Das Kind auf dem ARM DER MUTTER

Schon im 3. Jahrhundert gab es Darstellungen der sitzenden Maria mit dem Knaben auf ihrem Schoß. Seit dem hohen Mittelalter wird sie auch stehend, mit dem Kind auf dem rechten oder linken Arm, gezeigt. Im Barock und bis in das 19. Jahrhundert hinein sind gerade in Italien viele lebensgroße Schnitzfiguren dieses beliebten Themas entstanden. Nicht alle haben die Zeiten unverändert überlebt – manchmal ging die Figur der Madonna verloren und nur das kleine Jesuskind wurde aufbewahrt. Den ursprünglichen Zusammenhang kann man meist an der etwas ungewöhnlichen Körperhaltung des Kindes erahnen, denn es wendete sich entweder der Mutter zu oder strebte recht willensstark von ihrem Arm herunter.

28

Sitzendes oder liegendes (?) Jesuskind

Holz, farbig gefaßt; Glasaugen
Süditalien (Neapel ?), 18. Jahrhundert
H: 46 cm

26

Sitzendes Jesuskind

Holz, farbig gefaßt
Italien, 19. Jahrhundert
H: 46 cm

Herausgelöst aus einer Gruppe der Madonna mit dem Kind auf dem Arm hat sich die Figur des Jesusknaben erhalten. Vermutlich saß das Kind auf dem rechten Arm der Mutter, erhebt es doch seinen linken Arm, mit dessen Händchen es wohl die Wange der Mutter berührt hat. Die rechte Hand, meist segnend erhoben, ist bei dieser Figur nach unten gerichtet. Das pausbäckige, kindliche Gesicht ist von angeschnitztem Lockenhaar in goldfarbener Fassung umgeben; die Augenbrauen wurden nachgezeichnet und die Augen nachgemalt. Der leicht geöffnete Mund und die rundliche Nase sowie die sicherlich ursprüngliche Rötung von Wangen, Brustwarzen, Ellbogen, Bauch und Knien unterstreichen die realistische Darstellung eines kleinen Kindes.

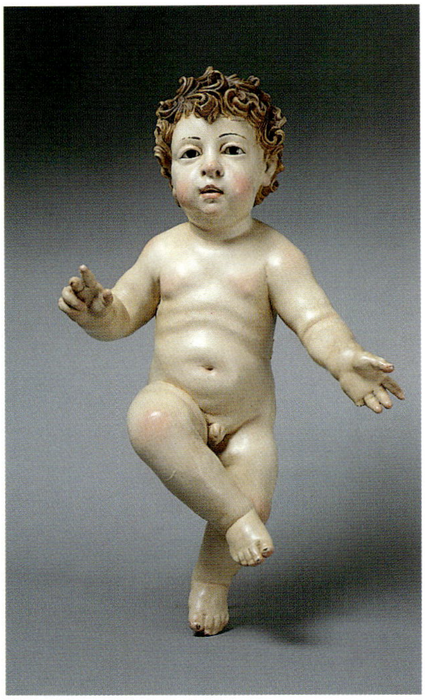

27

Sitzendes Jesuskind

Holz, farbig gefaßt; Glasaugen
Süditalien, 19./20. Jahrhundert
H: 54 cm

Das Jesuskind, das aus einer Figurengruppe der Maria mit Kind stammt, zeigt ungewöhnlich markante Züge. Nicht die Lieblichkeit einer stereotypen Jesuskinddarstellung begegnet hier, sondern ein Kindergesicht, hinter dem man ein Porträt vermuten möchte. Auffallend ist das vielfach unterschnittene Lockenhaar, der geöffnete Mund mit der sichtbaren oberen Zahnreihe sowie die Üppigkeit der Formen von Nase, Wangen und Kinn. Die Gestaltung des Körpers wirkt auf den ersten Blick ebenfalls sehr realistisch, weist jedoch tatsächlich eher unklare Formen auf.

28

Sitzendes oder liegendes (?) Jesuskind

Holz, farbig gefaßt; Glasaugen
Süditalien (Neapel ?), 18. Jahrhundert
H: 46 cm

Ob dieser Knabe wirklich auf dem Arm der Mutter Maria gesessen ist oder ob er liegend gedacht werden muß als Passionskind, welches das Kreuz betrachtet, ist – da die Figur nicht mehr in ihrem ursprünglichen Zusammenhang gesehen werden kann – kaum mehr zu entscheiden. Das pausbäckige Gesicht mit dem feinen Lächeln wird von bewegtem Lockenhaar umspielt. Die lebhafte Bewegung beider Arme kann entweder der Mutter gegolten, oder – in liegender Haltung – das Kreuz aufgenommen haben; zu diesem Thema jedoch erscheint das Gesicht allzu lieblich und geradezu fröhlich. Der kindliche Körper mit dem vorgewölbten Bauch und den ringförmigen Falten an Hand- und Fußgelenken zeigt eine äußerst differenzierte Farbfassung in feinen Rosatönen.

29

Sitzendes Jesuskind

Holz, farbig gefaßt; Glasaugen
Süditalien, 18./19. Jahrhundert
H: 39 cm

Zum Befestigen auf dem Arm der Madonna weist dieser Jesusknabe deutliche Aufstecklöcher an den Unterseiten seiner Oberschenkel auf. Dargestellt ist das segnende Kind. Der ehemals zur Mutter geneigte Kopf ist von angeschnitztem Lockenhaar umgeben, das leicht nach unten gewendete Gesicht ist freundlich, der geschlossene Mund mit einem sanften Lächeln wiedergegeben.

30

Sitzendes Jesuskind

Holz, farbig gefaßt; Glasaugen;
Perücke aus Naturfasern (Flachs?)
Süditalien, 18. Jahrhundert
H: 45,5 cm

Ungewöhnlich erscheint die heftige Bewegung des Kindes, doch sind derartige Körperdrehungen des auf dem Arm der Madonna gehaltenen Knaben im 18. Jahrhundert durchaus bekannt. Der etwas mollige Kinderkörper ist gut durchmodelliert, die kräftigen Arme sind fast waagrecht ausgestreckt.
Besonders auffallend wirkt in diesem Fall das Lockenhaar der Perücke, weil es durch die Seitwärtsbewegung des Kopfes in seiner ganzen Fülle sichtbar wird.

31

Sitzendes Jesuskind

Holz, farbig gefaßt; Glasaugen;
Perücke aus Naturfasern (Flachs ?)
Süditalien, 18./19. Jahrhundert
H: 52 cm

Ursprünglich saß dieser Jesusknabe mit angewinkelten Beinen auf dem rechten Arm der Madonna und streckte der Mutter beide Hände entgegen. Die etwas gedrungene Figur ist gut durchmodelliert, der Ausdruck des Gesichtes mit dem lächelnd geöffneten Mund ist kindlich. Das üppige Lockenhaar verleiht dem Gesicht einen puppenhaften Ausdruck.

32

Sitzendes Jesuskind

Holz, farbig gefaßt; Glasaugen
Süditalien, 18./19. Jahrhundert
H: 50 cm

Frontal blickte dieser Jesusknabe ursprünglich vom Arm der Madonna. Seine weit ausgebreiteten Arme scheinen den Betrachter liebevoll zu empfangen, sein versonnen lächelnder Blick jedoch geht ins Leere. Das angeschnitzte kurze Lockenhaar ist braun gefaßt, die Wangen sind deutlich gerötet.

33

Sitzendes Jesuskind

Holz, farbig gefaßt; Glasaugen;
Perücke aus Naturfasern (Flachs ?)
Süditalien, 18./19. Jahrhundert
H: 49 cm

Mit ausgebreiteten Armen wandte sich der Jesusknabe an seinem ursprünglichen Platz – auf dem Arm seiner Mutter – dem Betrachter zu. Sein Gesicht ist puppenhaft kindlich, zeigt aber dennoch ausgeprägte Formen: eine eher große Nase, einen schön geschwungenen Mund und weit geöffnete, dunkle Augen unter fein gezeichneten Brauen.

34

Sitzendes Jesuskind

Holz, farbig gefaßt; Glasaugen; Perücke verloren
Italien, 18./19. Jahrhundert
H: 63 cm

Der Jesusknabe, ursprünglich auf dem Arm Mariens sitzend und mit einer Perücke versehen, hat ein kindliches, pausbäckiges Gesicht. Sein geschwungener Mund ist leicht geöffnet, die Wangen wölben sich nach vorne und sind rötlich gefaßt. Seine rechte Hand ist zum Segnen erhoben, in seiner Linken hielt der Knabe ehemals ein Zepter oder einen Blütenzweig.

35

Stehender Jesusknabe

Holz, farbig gefaßt; Glasaugen
Süditalien, 18. Jahrhundert
H: 49 cm

Auf seinem linken Bein stehend, das rechte leicht angewinkelt, wendet sich der Knabe dem Betrachter zu. Das leicht schräg geneigte Köpfchen mit dem ernst-versonnenen Blick ist charakterisiert durch das lebhaft bewegte Lockenhaar, die großen dunklen Augen und den etwas geöffneten Mund. Die linke Hand des Kindes greift an sein Herz, die rechte ist zum Segnen erhoben.

Das STEHENDE nackte Jesuskind

Im 15. Jahrhundert entstand der Typus des stehenden, zunächst nicht mit Textilien bekleideten Jesuskindes. Die Darstellung des nackten Knaben sollte deutlich machen, daß Gott wirklich Mensch geworden ist, wie Johannes schreibt - „Und das Wort ist Fleisch geworden“ (Joh.1,14). Sehr häufig bietet dieser nackte Knabe dem Betrachter zwischen Daumen und Zeigefinger eine Traubenbeere an - sie ist nicht nur Zeichen für die Passion, sondern zugleich Hinweis auf die Wandlung von Brot und Wein in Leib und Blut Christi in der Eucharistie. In Italien erhielten diese „piccolo rè“, kleiner König, genannten stehenden Jesusknaben lange Lockenperücken, wie sie im Barock nur die Söhne des Adels trugen sowie Krönchen aus Silber und Gold.

36

Stehendes Jesuskind

Holz, farbig gefaßt; Glasaugen
Norditalien (?), 19. Jahrhundert
H: 46 cm

Mit ausgebreiteten Armen empfängt dieser Jesusknabe den Beschauer; seine Füße sind in leichter Schrittstellun gegeben. Ungewöhnlich ist der erwachsen wirkende Gesichtsausdruck, der hervorgerufen wird durch das kinnlange, am Oberkopf glatte braune Haar, die lange schmale Nase und den wie zum Sprechen geöffneten Mund.

37

Stehendes Jesuskind

Holz, farbig gefaßt; Glasaugen
Italien, 18./19. Jahrhundert
H: 47 cm

Der in deutlicher Schrittstellung stehende Knabe streck seinen linken Arm nach vorne, die rechte Hand hat er segnend erhoben. Das dem Betrachter zugewandte Köpfchen ist charakterisiert durch das in großen Wellen geschnitzte Haar, welches das Gesicht lebhaft umrahmt. Der Ausdruck des kleinen Gesichtes ist gesammelt und freundlich.

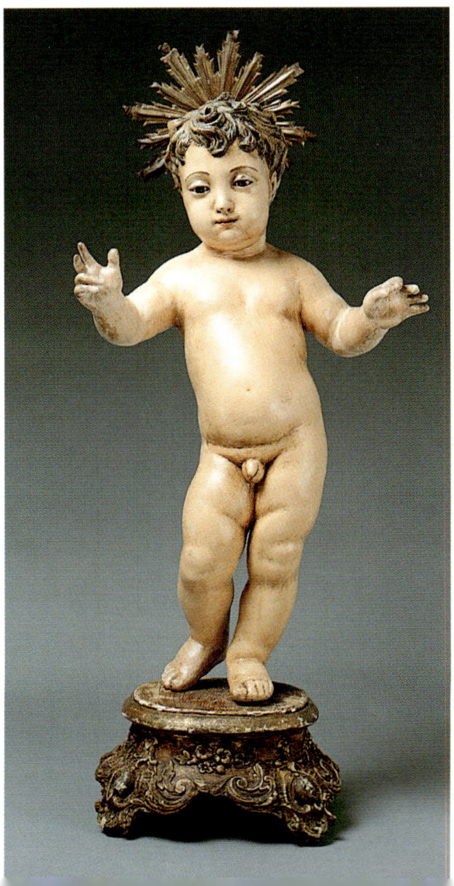

38

Stehendes Jesuskind

Holz, farbig gefaßt; Glasaugen
Süditalien, 18./19. Jahrhundert
H: 54 cm

In stark ausgeprägter, S-förmiger Bewegung seines schlanken Körpers steht der Knabe auf dem linken Fuß, der rechte ist leicht angehoben und nach hinten gezoge Beide Arme sind vom Körper weggestreckt, die rechte Hand ist zum Segnen erhoben. Zwischen Zeigefinger un Daumen seiner Linken hält der Knabe eine Weintrauben beere, die jedoch aufgrund einer unsachgemäßen, jetzt einheitlichen Inkarnatsfassung nur noch schwer zu erkennen ist.

39

Stehendes Jesuskind

Holz, farbig gefaßt; Glasaugen;
Perücke aus Naturfasern (Flachs ?)
Süditalien, 18./19. Jahrhundert
H: 51 cm

In tänzelnder Haltung kommt der Knabe mit dem schlanken, schön geformten Körper dem Beschauer entgegen. Der beschwingte Eindruck wird unterstrichen durch das lächelnde Gesicht mit der markanten Nase, dem kleinen, leicht geöffneten Mund und dem deutlichen Wangenrot.

40

Stehendes Jesuskind

Holz, farbig gefaßt; Glasaugen;
Perücke aus Naturfasern (Flachs ?)
Süditalien, 18./19. Jahrhundert
H: 53 cm

Mit ausgebreiteten Armen und ausgeprägter Schrittstellung tritt der Knabe dem Betrachter gegenüber. Seine Rechte ist zum Segen erhoben, in seiner Linken hält er zwischen Zeigefinger und Daumen eine Weintraubenbeere und bietet sie dem Beschauer als Sinnbild der Eucharistie an. Dieses Jesuskind trägt eine Perücke mit Stopsellocken, die nicht zu einzelnen Schlaufen gebunden sind, sondern in langen Strähnen bis auf Hüfthöhe herabhängen.

41

Stehendes Jesuskind

Holz, farbig gefaßt; Glasaugen;
Perücke aus Naturfasern (Flachs ?)
Süditalien, 19. Jahrhundert.
H: 56 cm

Mit leicht gesenktem Blick seiner mandelförmigen Augen und geöffnetem Mund wendet der Knabe den Kopf zur rechten Seite, woraus sich eine deutliche Gegenbewegung zu seinem Körper mit den weggestreckten Armen ergibt. In seiner Linken hält er eine Weintraubenbeere, die Rechte ist im Segensgestus erhoben. Die dunkle und damit ungewöhnliche Perücke ist in langer Stopsellockenform gestaltet.

42

Stehendes Jesuskind

Holz, farbig gefaßt; Glasaugen;
Perücke aus Naturfasern (Flachs ?)
Süditalien, 18./19. Jahrhundert.
H: 52 cm

In tänzelnder Haltung mit deutlicher Schrittstellung und einer Drehung des schlanken Körpers begegnet dieser Jesusknabe dem Betrachter und reicht ihm mit der Linken eine Weintraubenbeere. Das sehr individuell wirkende Gesicht ist äußerst zart in der Modellierung wie auch in der farbigen Fassung.

43

Stehendes Jesuskind

Holz, farbig gefaßt; Glasaugen;
Perücke aus Naturfasern (Flachs?)
Süditalien, 19. Jahrhundert
H: 53 cm

Diese Figur erhält durch die leuchtendroten, vollen Wangen, das kleine Mündchen mit hochgezogener Oberlippe, die lebhaft blickenden Augen unter hohen Brauen und durch ihre Stopsellocken-Perücke in besonders starkem Maße das Aussehen einer Spielpuppe. Doch die erhobene rechte Segenshand und die linke, auf der die Weltkugel ruht, weisen die Skulptur eindeutig als Darstellung des Jesusknaben aus.

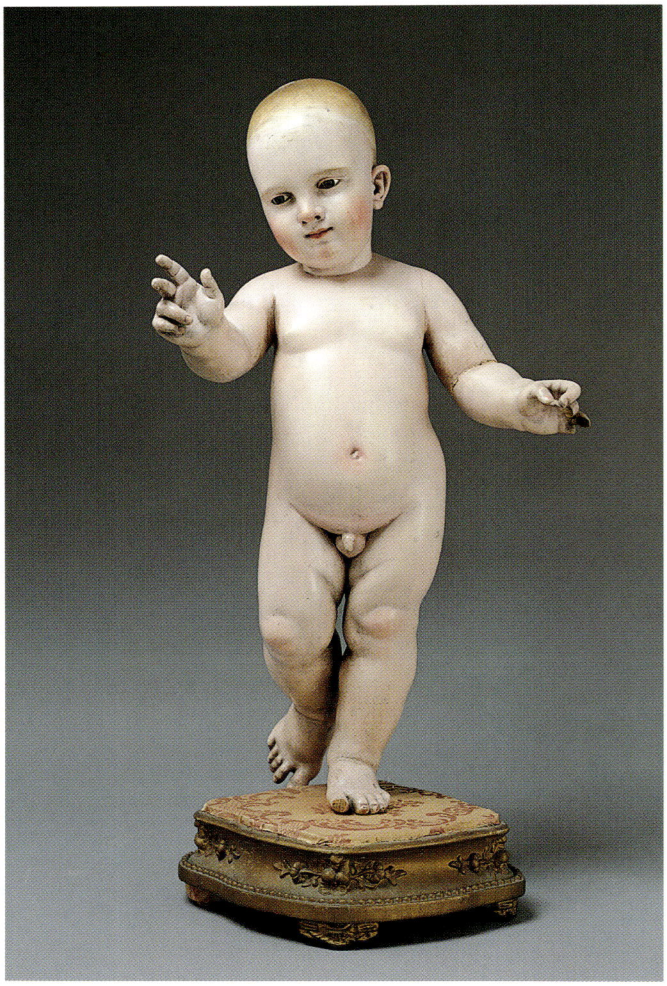

44

Stehendes Jesuskind

Holz, farbig gefaßt; Glasaugen
Süditalien, 18. Jahrhundert
H: 52 cm

In deutlicher Schrittstellung mit weit zurückgestelltem rechten Bein und ausgebreiteten Armen steht der Knabe auf seinem Podest. Die Rechte ist zum Segnen erhoben, die Linke hält zwischen Zeigefinger und Daumen eine Weintraubenbeere. Der zarte Kopf, der zum Tragen einer Perücke vorgesehen war, weist besonders ebenmäßige Züge auf. Der nach unten gesenkte Blick aus den großen, dunklen Augen korrespondiert mit dem geschlossen lächelnden Mund.

45

Stehendes Jesuskind

Holz, farbig gefaßt; Glasaugen
Süditalien (?), 19. Jahrhundert
H: 48 cm

Ein gedrungener Körper mit kräftigen Formen zeichnet diese Figur aus. Kennzeichnend sind auch der Lockenschüppel über der Stirn und die ausladenden seitlichen Locken. Das Gesicht ist individuell gestaltet mit langer, schmaler Nase, großen Augen und einem lebhaft geöffneten Mund.

46

Stehendes Jesuskind

Holz, farbig gefaßt; Glasaugen
Süditalien, 18. Jahrhundert
H: 64 cm

Mit nach oben geöffneter linker Hand, die wohl ursprünglich die Weltkugel trug, und erhobener rechter Segenshand blickt der Knabe ernst nach vorne. Kennzeichnend für die großformatige Figur ist ihr schlanker, gestreckter Körper und die kaum bewegte Schrittstellung. Die ursprünglich zugehörige Perücke ist verloren.

47

Stehendes Jesuskind

Holz, farbig gefaßt; Glasaugen
Süditalien, 18./19. Jahrhundert
H: 63 cm

Den linken Fuß auf die Weltkugel gestützt, steht der Knabe aufrecht mit erhobener Segenshand und lächelt dem Betrachter zu. Sein Gesicht ist gekennzeichnet durch das Ebenmaß der weit geöffneten Augen unter hohen Brauen, die feine Nase und den kleinen, leicht geöffneten Mund, in dem die obere Zahnreihe zu erkennen ist. Bewegt geschnitztes Lockenhaar umrahmt das heitere Gesicht, ein silberner Strahlennimbus hinterfängt es. Ebenso schön ist der kleine Körper gestaltet, in dem sich das Ebenmaß des Gesichtes wiederholt. Die Figur des Jesusknaben steht auf einem älteren, nicht ursprünglich zugehörigen Puttensockel.

48

Stehendes Jesuskind

Holz, farbig gefaßt; Glasaugen;
Perücke aus Naturfasern (Flachs ?)
Süditalien, 18./19. Jahrhundert
H: 53 cm

In seiner vorgestreckten Linken hält der Knabe eine Weintraubenbeere und bietet sie dem Beschauer an; mit der rechten Hand vollzieht er die Geste des Segnens. Sein eher kräftiger Körper ist sorgfältig durchmodelliert, das Gesicht hat kindliche Züge, bedingt durch die sehr großen Augen und den leicht geöffneten, lächelnden Mund.

49

Stehendes Jesuskind

Holz, farbig gefaßt; Glasaugen
Süditalien, 18./19. Jahrhundert
H: 52 cm

Die Rechte zum Segnen erhoben, die Finger der Linken in haltendem Gestus, wobei verloren ist, was der Knabe ursprünglich in dieser Hand hielt, blickt das Kind ernst aus übergroßen Augen unter deutlichen Brauen geradeaus; die lange Nase und der geschlossene Mund verstärken den gesammelten Ausdruck.

50

Stehendes Jesuskind

Holz, farbig gefaßt; Glasaugen; Perücke aus Seide
Süditalien, 18./19. Jahrhundert
H: 62 cm

Die klassische Schrittstellung ist bei dieser Figur besonders deutlich ausgeprägt, steht der Knabe doch fest auf seinem linken Bein und berührt den Boden mit der großen Zehe des rechten, weit nach hinten ausgreifenden Fußes nur ganz leicht. Im Gestus des Segnens erhebt das Kind die rechte Hand, die linke ist geformt, als hielte sie die einzelne Traubenbeere, die jedoch fehlt. Das feine, ernste und doch liebliche Gesicht mit dem schmalen, geschlossenen Mund und der leicht nach oben gebogenen Nase wird bestimmt von den sehr großen dunklen Augen unter zart angedeuteten, gelblichen Brauen. Auf der originalen kupferfarbenen Lockenperücke aus Seide sitzt ein silbernes, reich verziertes Krönchen.

51

Stehendes Jesuskind

Holz, farbig gefaßt; Glasaugen;
Perücke aus Kunstfasern (?)
Süditalien, 19. Jahrhundert
H: 52 cm

Mit erhobener rechter Segenshand und der zwischen Zeigefinger und Daumen der Linken gehaltenen Traubenbeere steht der Jesusknabe in nur schwach ausgeprägter Schrittstellung. Sein puppenhaftes Gesicht ist charakterisiert durch übergroße, dunkle Augen unter schön geschwungenen Brauen, eine kleine Stupsnase und einen deutlich konturierten Mund.

52

Stehendes Jesuskind

Holz, farbig gefaßt; Glasaugen;
Perücke aus Naturfasern (Flachs ?)
Süditalien, 18./19. Jahrhundert
H: 54 cm

Von besonders schöner Modellierung ist der schlanke Körper des Jesuskindes in leichter Schrittstellung mit erhobener Segenshand. Seine feine Farbfassung zeigt ein zart verlaufendes Wangenrot und eine rote Tönung der Lippen; die großen braunen Augen sind weit geöffnet, die schmalen Brauen verlaufen fast waagrecht. Die originale Perücke zeigt die typische Form der einzeln zu Locken gewickelten und gebundenen Strähnen.

53

Stehendes Jesuskind

Holz, farbig gefaßt; Glasaugen;
Perücke aus Naturfasern (Flachs ?)
Süditalien, 18./19. Jahrhundert
H: 44 cm

Auf der nach oben geöffneten Linken die Weltkugel, die Rechte zum Segnen erhoben, blickt das Jesuskind leicht nach unten. Der Gesichtsausdruck wird bestimmt durch den schmalen, geschlossenen und dennoch lächelnden Mund. Die Perücke zeichnet sich durch relativ kurze, einzeln nach oben gebundene Locken aus.

54

Stehendes Jesuskind

Holz, farbig gefaßt; Glasaugen
Süditalien, Ende 18. Jahrhundert
H: 41cm

Ein kindliches Lächeln umspielt den geschwungenen Mund des Knaben, der mit zur Seite geneigtem Kopf versonnen nach unten blickt. Das ovale Gesicht mit schmaler Nase und hoher Stirn wird umrahmt von kinnlangem, in der Mitte gescheitelten, gelbbraunen Lockenhaar. Der Oberkörper des Kindes ist schlank, die Beine – mit deutlichem Spielbein rechts – wirken dagegen stämmig. Der rechte Arm ist mit der segnenden Hand erhoben, der linke weist nach unten; die Fingerhaltung läßt vermuten, daß das Kind ehemals einen Blütenzweig oder etwas ähnliches gehalten hat.

55

Stehendes Jesuskind in rotem Kleid

Holz, farbig gefaßt;
Glasaugen; Textilien
Süditalien (?), 18. Jahrhundert
H: 65 cm

Die rechte Hand zum Segnen erhoben, auf der linken die Weltkugel tragend, wendet sich der Knabe dem Beschauer zu. Die Kindlichkeit seiner Züge wird durch die großen, weit auseinanderstehenden Augen, die nach oben weisende Nase und den ganz leicht lächelnden Mund hervorgerufen. Bekleidet ist die Figur mit einem weißen Untergewand und einem Kleid aus roter Seide mit feiner Stickerei in Silber- und Goldfäden sowie Metallstreifchen und Pailletten.

KLEIDER *für das Jesuskind*

Nicht wenigen dieser kleinen Aktskulpturen zog man später kostbare Kleider aus Seidenstoffen mit reicher Verzierung an. Der Brauch, solche Figuren zu bekleiden, hat seinen Ursprung bei denjenigen Jesuskindern, die als Gnadenbilder verehrt wurden. Sie bekamen des öfteren wertvolle Gewänder geschenkt. Viele von ihnen besaßen Garderobe in den liturgischen Farben und wurden nach den Festzeiten des Kirchenjahres umgekleidet. Für Jesuskinder im häuslichen Bereich haben ihre Besitzer immer wieder neue und noch schönere Kleider angefertigt oder angeschafft; deshalb tragen viele von ihnen Gewänder, die aus einer späteren Zeit stammen als die Figuren selbst. Oft wurden Reste von Stoffen für Priestergewänder für die kleinen Kleider verwendet, meist legte man großen Wert auf die kostbare Auszier mit Spitzen, Borten, Pailletten und den verschiedensten Arten von Stickereien.

56

Stehendes Jesuskind in violettem Kleid

Holz, farbig gefaßt; Glasaugen;
Perücke aus Naturfasern (Flachs ?); Textilien
Süditalien, 18. Jahrhundert
H: 59 cm

Das liebliche Gesicht des Kindes mit den etwas nach unten gerichteten dunklen Augen, den geschlossenen, leicht lächelnden Lippen und dem zarten Wangenrot wird umrahmt von einer Lockenperücke in hellem Braun. Der Knabe trägt ein nach alten Vorbildern aus einem historischen Seidengewebe mit großformatigem Blumenmuster neu angefertigtes Kleid mit weiten, goldspitzenbesetzten Ärmeln, gegürteter Taille und Schößchen sowie einem knöchellangen, vorne geschlitzten Rock, unter dem das gelbgoldene Untergewand zu sehen ist.

57

Stehendes Jesuskind in hellem Seidenkleid

Holz, farbig gefaßt; Glasaugen;
Perücke aus Naturfasern (Flachs ?); Textilien
Süditalien, 19. Jahrhundert.
H: 44 cm

Im Segensgestus und mit einem Sträußchen in der Linken tritt der Jesusknabe dem Beschauer lächelnd entgegen. Sein originales Gewand zeigt reiche Stickerei in Gold- und Silberfäden, die auf die stark zerschlissene Seide - wohl in einer Zweitverwendung - appliziert ist.

58

Stehendes Jesuskind in cremefarbenem Kleid

Holz, farbig gefaßt; Glasaugen;
Perücke aus Naturfasern (?); Textilien
Süditalien, 18. Jahrhundert
H: 83 cm

Der „Kleine König" mit blondem Lockenhaar trägt ein Gewand aus cremefarbener Seide mit reicher Stickerei in Goldfäden und aufgesetzten Pailletten. Auffallend sind die Ranken aus Ähren, die als eucharistisches Symbol zu verstehen sind. Ausschnitt, Schulterkragen und Ärmel sind mit Goldfransen besetzt.

59

Stehendes Jesuskind in rotem Kleid

Terracotta, farbig gefaßt; Glasaugen;
Perücke aus Naturfasern (Flachs ?); Textilien
Süditalien, 18./19. Jahrhundert
H: 57 cm

Das ernste und dennoch kindliche Gesicht wird umrahmt von einer kurzen Lockenperücke, auf der die kleine Krone sitzt. Bekleidet ist das Jesuskind mit einem roten Seidengewand, auf das Stickereiteile, die ursprünglich aus einem anderen Zusammenhang stammten, appliziert wurden. Das bis zu den Füßen reichende Kleid ist tailliert und hat weite Ärmel.

60

Stehendes Jesuskind in hellem Seidenkleid

Holz, farbig gefaßt; Glasaugen;
Perücke aus Naturfasern (?); Textilien
Süditalien, 19. Jahrhundert
H: 56 cm

Im Segensgestus des „Kleinen Königs" sieht der Knabe den Beschauer unmittelbar an; der leicht geöffnete lächelnde Mund verstärkt den Eindruck der Lebendigkeit. Das Kleid, dessen miederartiges Oberteil eine über die Taille hinaus verlängerte Schneppe aufweist, ist aus einem sehr fein mit Goldfäden und -pailletten bestickten Seidenstoff, der aus anderem Zusammenhang stammt, in jüngerer Zeit angefertigt und mit einem Spitzenkragen ausgeziert. In seiner Linken hält der Knabe ein besticktes und mit Spitzen besetztes kleines Skapulier.

61

Stehendes Jesuskind in goldbesticktem Gewand

Terracotta (?), Scagliola (?), farbig gefaßt; Glasaugen
Süditalien, 19. Jahrhundert.
H: 52 cm

Porzellanartig glatt und fein wirkt der leicht zur Seite geneigte Kopf des Jesusknaben mit dem etwas geöffneten Mund und der sichtbaren oberen Zahnreihe sowie der fein geschwungenen Nase. Die Figur ist vollständig ausgearbeitet, wurde also vermutlich zunächst als nacktes Jesuskind aufgestellt. Das jetzige Gewand zeigt reiche Goldfadenstickerei auf cremefarbener Seide mit einem auffallenden Granatapfelmotiv in der Mitte.

62

Stehendes Jesuskind in lachsfarbenem Seidenkleid

Kopf Terracotta, Hände und Füße Holz, farbig gefaßt;
Körper Flachs über Draht;
Glasaugen; Textilien
Wohl Neapel, 18./19. Jahrhundert.
H: 38 cm

Die kleine Figur des lächelnden Jesuskindes mit dem kindlich runden Gesicht unter einer fein modellierten Lockenfrisur, ist wie die neapolitanischen Krippenfiguren des 18. Jahrhunderts gearbeitet: Der Körper besteht aus einem Drahtgestell, das mit Werg solange umwickelt wurde, bis er seine Form bekommen hat; diese Herstellungstechnik verleiht den Figuren große Beweglichkeit. Die Arme bis zu den Ellbogen, die Füße und Beine bis zu den Knien sind aus Holz geschnitzt, der Kopf ist aus Terracotta modelliert, gebrannt, dann bemalt und ein zweites Mal gebrannt. Selbstverständlich waren diese Figuren immer zum Bekleiden vorgesehen; heute trägt dieses Jesuskind ein Kleid aus lachsfarbener Seide mit Häkelspitzen, Schleifenbesatz und goldenen Fransen, das es in jüngerer Zeit erhalten hat.

63

Stehendes Jesuskind in farbig besticktem Seidenkleid

Holz, farbig gefaßt; Glasaugen;
Perücke aus Naturfasern (Flachs ?); Textilien
Süditalien, 18./19. Jahrhundert.
H: 42 cm

In ein Gewand aus der Zeit um 1870/80 mit Weinlaubmotiven in zartfarbiger Kurbelstickerei auf Seide wurde dieses Jesuskind gekleidet. Die Figur zeichnet sich durch ihr feines Lächeln und die in einer fast tänzerischen Bewegung ausgebreiteten Arme aus.

64

Stehendes Jesuskind in bräunlichem Kleid

Holz, farbig gefaßt; Glasaugen; Textilien
Italien, 19. Jahrhundert
H: 41 cm

Das Jesuskind mit dem knabenhaften Gesicht und dem kurzen braunen Haar hat ausgeprägt kräftige Arme und Beine. Seine rechte Hand weist im Segensgestus nach oben, der linke Arm ist vom Körper weggestreckt. Der Knabe trägt seine originale, teils auf den Körper aufkaschierte Kleidung: ein himbeerrotes, knielanges Seidenhöschen mit Spitzenbesatz und darüber ein regelrechtes Kinderkleid. Es ist aus bräunlicher Ripsseide genäht und in pastellfarbenen Seidenfäden mit Ähren und Weinranken sowie mit unterschiedlichen Blüten- und Blattornamenten bestickt; kleine Weintrauben aus Metallpailletten sind dazwischengestreut. Das Kleid ist kniekurz, hat einen breiten Gürtel und einen großen Schulterkragen, der in der vorderen Mitte den Gürtel berührt. Die engen Ärmel reichen bis zu den Ellbogen. Alle Gewandsäume sind mit braunen Spitzen versehen. Die Oberseite des angearbeiteten runden Sockels ist als Wolke gestaltet.

65

Stehendes Jesuskind in rotem Seidenkleid

Holz, farbig gefaßt; Glasaugen; Wachs
Süditalien, 19. Jahrhundert
H: 58 cm

Das segnende Jesuskind hat einen knabenhaften Ausdruck, der vor allem durch die kurzen, später aus braunem Wachs anmodellierten Haarsträhnen hervorgerufen wird. Bekleidet ist das Kind mit einem Gewand aus roter, mit Goldfäden bestickter Seide, dessen Konturen mit Gold- und Silberspitze eingefaßt sind; weiße Spitzen dienen als Kragen und Manschetten.

66

Sitzendes Jesuskind in goldfarbenem Kleid

Terracotta, farbig gefaßt;
Glasaugen; Textilien
Süditalien, 19. Jahrhundert
H: 44 cm

Der ursprünglich mit einer Weltkugel in seiner Linken ausgestattete, segnende Knabe wurde mit einem nach alten Vorbildern aus alten Stoffen und Auszierteilen neu gestalteten Gewand aus goldfarbenem Brokat unter reichlicher Verwendung von Goldspitzen und -borten bekleidet.

67

Stehendes Jesuskind in blauem Mantel

Terracotta, farbig gefaßt;
Glasaugen; Textilien
Süditalien, 19. Jahrhundert
H: 43 cm

Der Blick des lieblichen Kindergesichtes mit dem lächelnden Mund ist nach unten gerichtet. Nicht nur die Segenshand ist erhoben, auch die Linke befindet sich auf Brusthöhe. Lebhaftes Lockenhaar umrahmt das freundliche Gesicht. Bekleidet ist das Jesuskind mit einem weißen, reich mit Goldfäden bestickten Seidenkleid und einem blauen Seidenmantel, der von einem breiten Gürtel in der Taille gehalten wird.

68

Stehendes Jesuskind in rotem Kleid

Terracotta, farbig gefaßt;
Glasaugen; Textilien
Süditalien, 18. Jahrhundert
H: 42 cm

Mit ausgebreiteten Armen und lächelndem Gesicht kommt der Jesusknabe dem Betrachter mit dem Zepter in seiner Linken entgegen. Sein anmodelliertes, braunes Lockenhaar ist rechts gescheitelt, das Gesicht hat kindlich pausbäckige Formen. Die Kleidungsstücke – rosa Gewand und rötlicher Mantel mit silberbroschierten Blumenmustern – sowie der Spitzenbesatz, der Spitzenkragen und die Manschetten sind aus alten Materialien neu gestaltet.

69

Sitzendes Jesuskind in besticktem Kleid

Wachs, bemalt; Glasaugen;
Perücke aus Naturfasern; Textilien
Italien, 19. Jahrhundert
L: 46 cm

Das heiter wirkende Gesicht des Kindes mit hellem Teint und rot gefärbten Lippen wird bestimmt durch übergroße, leuchtend blaue Augen. Das braune Kraushaar liegt eng am Köpfchen an. Die überraschend großen Hände und Füße der Figur zeigen eine etwas intensivere Tönung als der Kopf; sie stammen vermutlich aus anderer Herstellung, wurden jedoch zusammen mit diesem an einen aus verschiedenen Stopfmaterialien und einem Überzug aus Stoff bestehenden Körper angefügt. Das Jesuskind trägt ein weißliches Unterkleid, an welches ein breiter Streifen bestickten Seidenstoffes angenäht ist. Aus demselben Stoff besteht auch das weite Übergewand mit langen Ärmeln. Es ist auf cremefarbenem Seidenuntergrund mit pastellfarbigen Seiden- und mit Silberfäden reich bestickt. Den Saum des Kleides und seiner Ärmel begleiten fein schattierte Blüten und Blätter zwischen silbernen Rocaillen. Vom Halsausschnitt gehen silberne, ungleichmäßig lange Strahlen aus, die den Schulterbereich markieren. Den Hals säumt eine Perlenkette mit einem silbernen Herzchen.

71

Stehendes Jesuskind in grünem Kleid

Terracotta, farbig gefaßt; Glasaugen;
Perücke aus Naturfasern (?); Textilien
Italien, 19. Jahrhundert.
H: 47 cm

Der vollständig ausmodellierte Knabe wurde später bekleidet und mit einer stark gekräuselten Kurzhaarperücke versehen. Er trägt ein mit Silberspitzen besetztes Kinderhäubchen zu einem weißen Spitzen-Untergewand und einem Mantel aus grünlichem Brokat mit Silberbortenbesatz. Sein Gürtel ist mit feinen Schlaufenornamenten aus Bouillondraht und farbigen Glassteinen besetzt.

70

Stehendes Jesuskind in cremefarbenem Kleid

Cartapesta, farbig gefaßt;
Glasaugen; Perücke aus Naturfasern (Flachs ?)
Süditalien, 18./19. Jahrhundert
H: 46 cm

Mit hoch erhobener Segenshand – in fast winkender Haltung – und mit leicht zur rechten Schulter geneigtem Kopf steht das Jesuskind in leichter Schrittstellung. Sein rundlich-kindhaftes Gesicht ist gekennzeichnet durch die vollen Wangen, das Grübchen im Kinn und den sehr kleinen, leicht gekräuselten Mund. Das originale Kleidchen aus cremefarbenem Seidemoiré ist mit kleinen Blüten in oxydiertem Metallfaden bestickt. Das Kind trägt eine fünffache Korallenkette.

72

Jesuskind in grünem Kleid

Gliederpuppe, Holz, teilweise farbig gefaßt;
Glasaugen; Textilien
Italien, 18./19. Jahrhundert
H: 43 cm

Als Gliederpuppe war diese Jesuskindfigur dazu bestimmt, zu den wechselnden Festen des Kirchenjahres in verschiedenfarbige und unterschiedlich ausgezierte Gewänder gekleidet zu werden. Sie ist somit ein Brauchrequisit, das der Benutzung diente. Mit dieser deutlichen Funktion verbindet sich im Falle dieser Figur die ikonographische Besonderheit der Weintraubenbeere, die das Kind dem Beschauer zwischen Zeigefinger und Daumen seiner linken Hand als Zeichen der Eucharistie darreicht. Das Jesuskind wurde bis auf Reste des Untergewandes ohne Bekleidung aufgefunden – seine jetzigen Gewänder wurden nach alten Vorbildern in jüngster Zeit aus alten Stoffen nachgearbeitet.

Jesuskinder zum ANZIEHEN

Auch im privaten Besitz von Familien gab es Jesuskinder, die man wie Spielpuppen an- und ausziehen konnte. Um diese Prozedur zu erleichtern, hatten solche Figuren oft sehr sorgfältig aus Holz geschnitzte Kugelgelenke an den Schultern, den Ellbogen, Hüften und Knien. Wollte man die Jesuskinder noch flexibler gestalten, nahm man sich die Krippenfiguren aus Neapel zum Vorbild: Kopf, Arme und Beine wurden aus Terracotta und Holz hergestellt und auf ein Drahtgestell aufgezogen, was ausgreifende Bewegungen der Figuren erlaubte; der Körper entstand durch festes Umwickeln mit Werg.

73

Jesuskind im Prunkgewand

Holz, farbig gefaßt; Glasaugen;
Perücke aus Naturfasern (Flachs?); Textilien
Süditalien, 18. Jahrhundert
H: 49 cm

Die beweglichen Teile der Figur – Kopf, Arme und Beine – deuten darauf hin, daß sie in ihrem ursprünglichen Gebrauch häufig umgekleidet wurde. Der Jesusknabe trägt jetzt ein helles Tüllspitzengewand mit ausladendem Spitzenkragen und darüber einen weiten Mantel aus pastellfarben bestickter Seide mit Goldfransenbesatz. Die wie gepudert wirkende Lockenperücke unterstreicht die Bedeutung der Darstellung: es ist der „Kleine König“. Seine Krone ist aus goldenem Bouillondraht unter Verwendung kleiner Glasperlen gestaltet.

74

Sitzendes Jesuskind in cremefarbenem Seidenkleid

Kopf, Arme und Beine Terracotta, farbig gefaßt;
Körper Werg über Draht; Glasaugen
Süditalien, 18. Jahrhundert
H: 42 cm

Die beweglichen Arme dieser Jesuskindfigur deuten darauf hin, daß sie in ihrer ursprünglichen Verwendung regelmäßig im Wechsel des Kirchenjahres umgekleidet wurde. Heute trägt das Kind ein Kleid aus cremefarbener Seide mit ornamentaler Stickerei in Gold- und Silberfäden und Perlchen sowie den deutlich hervorgehobenen Buchstaben des Christusmonogramms IHS. Das zarte Kindergesicht ist charakterisiert durch die hohe Stirn mit den kurzen, braun gefaßten Haarsträhnchen, die weit auseinander und leicht schräg stehenden Augen und den etwas geöffneten Mund.

75

Sitzendes Jesuskind in rotem Seidenkleid

Gliederpuppe, Holz, teilweise farbig gefaßt; Glasaugen;
Perücke aus Naturfasern (Flachs ?); Textilien
Italien, 18./19. Jahrhundert
H: (sitzend) 30 cm

Die kleine Gliederpuppe, die an den Hüften durch Holzzapfen und an den Armen durch eine Drahtkonstruktion beweglich ist, sitzt auf einem mit Kerzenleuchtern und Maikrügen verzierten Thronsessel. Sie trägt zur fast weißen Lockenperücke eine hohe rote Samtkrone mit Verzierungen aus feinem Golddraht und ihr originales dunkelrotes Seidenkleid, dessen Oberteil in feine Biesen gelegt ist; Hals- und Ärmelausschnitte sowie der Gewandsaum sind mit Goldborten und -spitzen besetzt und tragen Goldstickereien.

76

Wickelkind

Cartapesta, farbig gefaßt; Glasaugen
Süditalien, 19. Jahrhundert
H: 36 cm

Aus dem billigen Pappmaché wurde diese Figur des gewickelten Jesuskindes geformt und dennoch mit sehr großer Sorgfalt bemalt; die lebhaften Glasaugen unterstreichen die Kindlichkeit ebenso wie die leuchtend rot gefaßten, glänzenden Wangen und der kleine, leicht gekräuselte Mund. Der Grund der Wickelung in kräftigem Dunkelrot ist gänzlich überzogen durch die sehr fein in Weiß aufgemalten Spitzen, die sich bogenförmig auch auf die Brust des Kindes erstrecken.

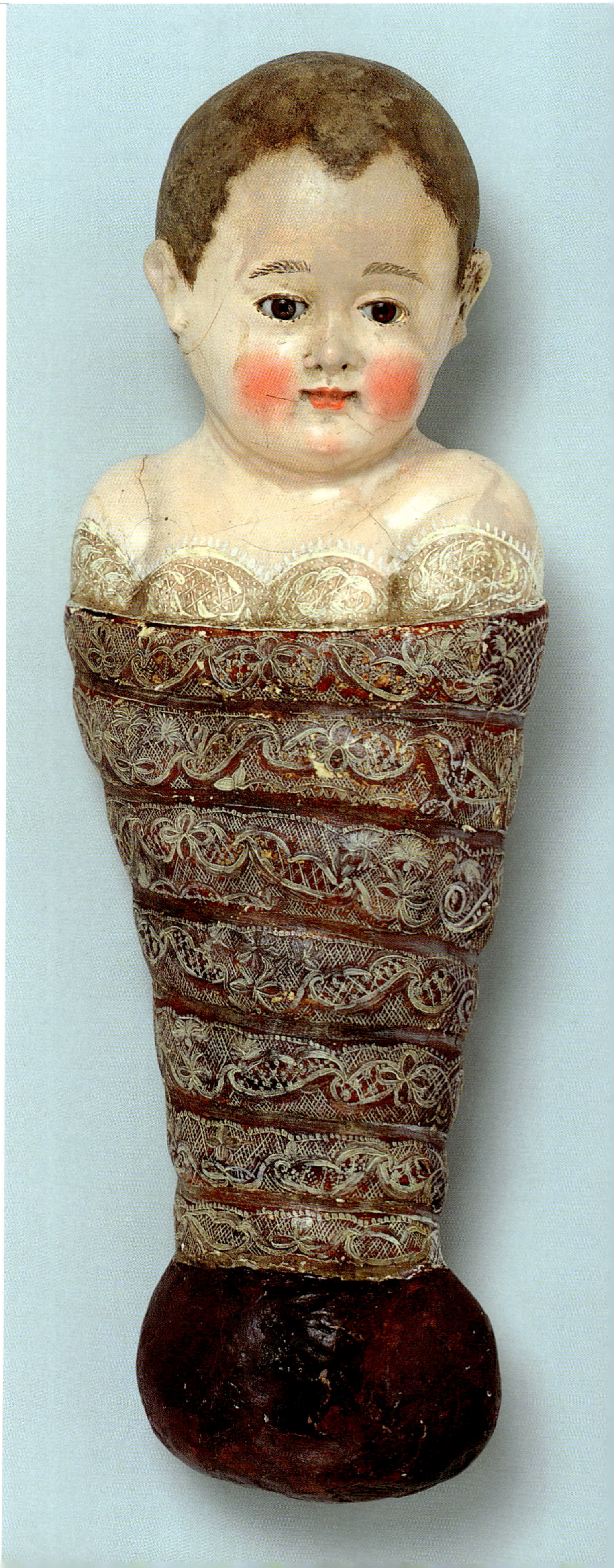

WORAUS *die Jesuskinder sind*

Die meisten Skulpturen des stehenden, nackten Jesusknaben und auch viele bekleidete Figuren sind aus Holz geschnitzt und mit einer oft sehr differenzierten Farbfassung versehen. Dagegen findet man in verglasten Holzkästchen und unter schützenden Glasstürzen sehr viel häufiger aus eingefärbtem Wachs geformte, „bossierte“ Figuren. Wachs ist dasjenige Material, mit dem die menschliche Haut am überzeugendsten nachgebildet werden kann und so ist es bis heute besonders beliebt zum Modellieren von Jesulein. Terracotta wurde in Neapel sehr häufig zur Anfertigung besonders lebensnaher Köpfe für Jesuskinder verwendet.
In Verbindung mit ihren beweglichen, aus Draht und Werg geformten Körpern wirken sie oft sehr puppenhaft. Vor allem im 19. Jahrhundert entstanden in Süditalien zahllose Jesuskindfiguren aus Cartapesta, aus Pappmaché. Sie wurden aus Modeln gegossen und konnten in großer Menge und zu günstigen Preisen hergestellt werden.

77

Stehendes Jesuskind in goldfarbenem Kleid

Cartapesta, farbig gefaßt;
Glasaugen; Perücke aus Kunstfasern
Italien, 18./19. Jahrhundert
H: 64 cm

In der formalen Tradition der Schnitzfiguren wurden Jesuskinder auch aus der leichten, gut formbaren und weniger wertvollen Cartapesta hergestellt. Auch solche Figuren wurden in kostbare Gewänder gehüllt. Dieses Jesuskind trägt ein nach alten Vorbildern aus alten Stoffen zusammengestelltes Kleid aus golddurchwirkter Seide mit aufgelegten Goldstickerei-Applikationen. Die blonde Kurzhaarperücke kam ebenfalls in jüngerer Zeit hinzu.

78

Schlafendes Jesuskind

Cartapesta, farbig gefaßt;
Perücke aus Naturfasern (Flachs ?); Textilien;
Norditalien, 18./19. Jahrhundert
L: 40 cm

Auf ein Kissen hingestreckt ist das Jesuskind in Schlaf gesunken und doch hält es noch schützend seine rechte Hand über die Weltkugel. Das Thema des schlafenden Jesuskindes – vor allem als Holzskulptur und in der Malerei verbreitet – wurde auch in dem leichten, gut formbaren und kostengünstigen Pappmaché dargestellt und konnte dadurch weite Verbreitung als privates Andachtsbild finden. Die Bekleidung dieser Figur aus sehr heller Seide mit Spitzenverzierung ist original, was die starke Zerschlissenheit erklärt.

79

Liegendes Jesuskind

Cartapesta, farbig gefaßt; Glasaugen;
Perücke aus Naturfasern (Flachs ?); Textilien;
Norditalien, 19. Jahrhundert
L: 40 cm

Das Krippenkind in typisch kleinkindhafter Strampelbewegung wurde im 19. Jahrhundert auch in dem leicht formbaren Cartapesta-Material für den häuslichen Gebrauch als Andachtsbild, das zur Weihnachtszeit aufgestellt werden konnte, hergestellt. Dieses Jesulein mit dem besonders puppenhaften, von großen blonden Locken umrahmten Gesicht ist bekleidet mit einem blaugrauen Seidenhemd mit feiner Paillettenstickerei auf Tüll.

80

Sitzendes Jesuskind

Kopf und Gliedmaßen Cartapesta, farbig gefaßt;
Körper Werg über Draht; Glasaugen; Textilien
Sizilien (?), 18. Jahrhundert
H: 48 cm

Der puppenhafte Kopf des Jesuskindes mit seinen anmodellierten Haaren und den weichen Gesichtsformen ist nach rechts gewendet, so daß er bei frontaler Betrachtung der Figur im Dreiviertelprofil erscheint. Auf seiner Linken trägt der Jesusknabe die Weltkugel, seine Rechte weist nach unten. Bekleidet ist die Figur mit einem Gewand aus Goldbrokat mit dunkellachsfarbenem Grund und einem Liegekragen aus feiner Tüllspitze. Der auffallende Gürtel ist auf seinem ovalenSchild mit Ornamenten aus Bouillondraht benäht; die kleine Krone wurde aus demselben Material unter zusätzlicher Verwendung von kleinen Perlen gestaltet.

81

Sitzendes Jesuskind

Cartapesta, farbig gefaßt;
Perücke aus Naturfasern (Flachs ?); Textilien
Süditalien (Sizilien ?), 18. Jahrhundert
H: 45 cm

Ein liebliches Kindergesicht lächelt unter dem hellblonden Kraushaar mit leuchtendrotem Mündchen und Wangenrot; der rechte Arm ist wie zum Winken erhoben. Das sitzende Kind ist bekleidet mit einem üppig geschnittenen Gewand mit Tütenärmeln und reichem Stickereibesatz auf der Vorderseite; es wurde nach alten Vorbildern aus Stoffen, die ursprünglich möglicherweise für kirchliche Gewänder gedient hatten, genäht.

82

Liegendes Jesuskind

Cartapesta, farbig gefaßt;
Glasaugen; Textilien
Süditalien (Sizilien ?), 19. Jahrhundert
H: 59 cm

Von ganz besonderer Kindlichkeit ist das liegende, strampelnde Jesulein mit leuchtendblauen Augen und einem geöffneten Mund, der zwei Zähnchen im Oberkiefer sehen läßt. Das blonde Lockenhaar ist anmodelliert. Das Kind ist in ein taufkleidartiges weißes Gewand mit feiner Hohlsaumstickerei und Spitzenbesatz gehüllt, das jedoch nicht ursprünglich zugehörig ist.

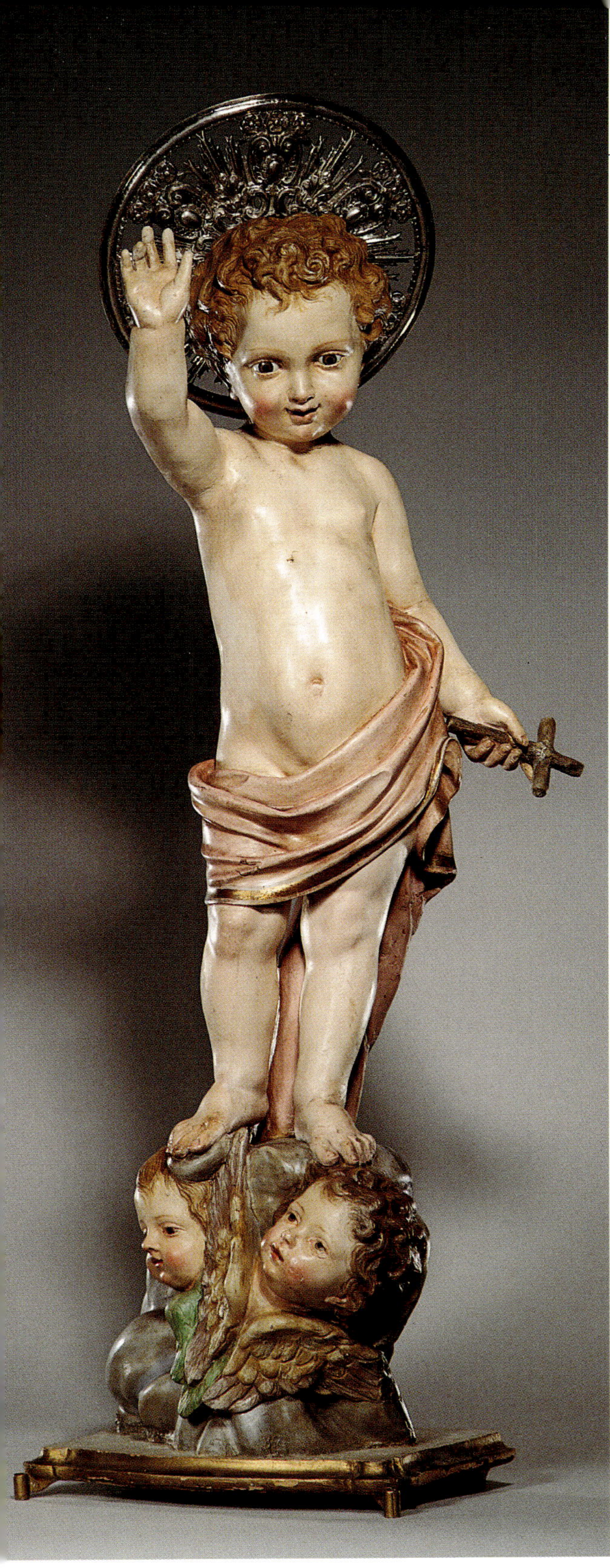

83

Stehendes Jesuskind auf Wolkensockel

Cartapesta, farbig gefaßt; Glasaugen
Süditalien (Sizilien ?), 19. Jahrhundert
H: 94 cm

Die hohe und schmale Figur zeigt das stehende, schlanke Jesuskind mit sehr kindlichen Gesichtszügen, die Rechte zum Segen erhoben, in der Linken ein kleines Kreuz haltend. Um seine Lenden ist eine rosafarben gefaßte, anmodellierte Draperie geschlungen. Die Figur steht auf einem mit zwei Puttenköpfen verzierten Wolkensockel. Den kindlichen Kopf hinterfängt ein ungewöhnlich großer, silberfarbener Metallnimbus in Durchbrucharbeit.

84

Stehendes Jesuskind

Kopf und Gliedmaßen Terracotta, farbig gefaßt;
Körper Werg und Leinen über Draht; Textilien
Süditalien, 18./19. Jahrhundert
H: 56 cm

Der aufrecht stehende Knabe mit dem versonnen lächelnden Gesicht und goldbraunem, anmodellierten Lockenhaar streckt seine Rechte dem Betrachter entgegen und hält auf seiner Linken die Weltkugel. Die stets zum Bekleiden gedachte Figur ist heute in ein altes, aber nicht ursprünglich zugehöriges Gewand aus brauner Taftseide mit rankenförmiger Goldstickerei und Spitzenbesatz gekleidet.

85

Stehendes Jesuskind

Terracotta, farbig gefaßt;
Glasaugen; Textilien
Italien, 19. Jahrhundert
H: 57 cm

Die ganz aus Ton geformte Figur mit anmodelliertem braunen Lockenhaar ist durch die sehr weichen Formen ihrer späten Entstehungszeit gekennzeichnet. Dazu paßt auch das cremefarbene Seidenkleid mit leuchtender Goldfadenstickerei, die auf der Gewandmitte eine Henkelvase mit einer Rose, umgeben von Ranken, zeigt.

86

Stehendes Jesuskind

Terracotta, farbig gefaßt; Glasaugen
Süditalien (?), 19. Jahrhundert
H: 28 cm

Die kleine lebhaft bewegte Figur des nackten Jesuskindes mit hoch erhobener linker Hand könnte die Umsetzung der Legende vom Jesusknaben darstellen, der sich mit dem Formen von Tontäubchen die Zeit zunächst im kindlichen Spiel vertreibt, den Vögelchen aber schließlich Leben einhaucht, worauf sie auffliegen. Nach dieser vermuteten ursprünglichen Bedeutung der Darstellung wurde der kleinen Figur eine Taube auf die Hand gesetzt.

87

Kasten mit liegendem Jesuskind

Terracotta, farbig gefaßt; Textilien
Süditalien (?), 19. Jahrhundert
Kasten: H: 26; B: 54; T: 25 cm

In einem schmalen, verglasten Kasten aus teils blau-gestupften, teils vergoldeten Leisten, auf dessen Rückwand auf einem mehrfach geschwungenen Spruchband die Worte „GLORIA IN EXCELSIS DEO!“ zu lesen sind, liegt auf einem weißen Seidenpolster eine Tonfigur des Jesusknaben, eingehüllt in blaue, seidene Wickelbänder mit Silberdrahtverzierung. Seine linke Hand greift an sein Herz, das kahle Köpfchen trug möglicherweise ursprünglich eine Perücke.

88

Stehendes Jesuskind

Kopf und Gliedmaßen Holz, farbig gefaßt;
Körper Werg über Draht;
Glasaugen; Textilien
Süditalien, 18./19. Jahrhundert
H: 62 cm

Wie eine Krippenfigur gestaltet – mit einem biegsamen Körper, der über Draht aus Werg hergestellt ist – konnte diese Figur in verschiedenen Positionen, so etwa auch sitzend, präsentiert werden. Der Eindruck eines kindlichen Gesichtes wird vor allem durch den sehr kleinen Mund und die vollen, rosa getönten Wangen hervorgerufen; das helle, nach hinten dunkler werdende, leicht gelockte Haar ist anmodelliert. Die Figur war selbstverständlich immer zum Bekleiden gedacht und trägt heute einen mit feiner Goldfadenstickerei gänzlich übersponnenen Mantel aus honigfarbener Seide mit einem mehrfach gestuften, reichen Spitzenkragen.

89

Stehendes Jesuskind

Kopf und Gliedmaßen Holz, farbig gefaßt;
Körper Werg über Draht;
Glasaugen; Textilien
Süditalien, 18./19. Jahrhundert.
H: 62 cm

Um diese Figur des Jesuskindes einmal stehend, ein anderes Mal aber auch sitzend präsentieren zu können, wurde der Körper flexibel über einem Drahtgestell gestaltet. Diese ursprüngliche Verwendung läßt sich heute auch am Zustand der originalen Bekleidung der Figur – mit feiner Goldstickerei in Anlegetechnik auf cremefarbener Seide – ablesen, die im Laufe der Zeit stark zerschlissen ist.

90

Stehendes Jesuskind

Kopf Terracotta, farbig gefaßt;
Arme und Beine Holz, farbig gefaßt;
Körper aus Werg über Draht;
Glasaugen; Textilien
Wohl Neapel, 18./19. Jahrhundert
H: 40 cm

Beide Arme des Kindes sind heute dem Betrachter entgegengestreckt; ursprünglich waren alle Gliedmaßen des wie eine Krippenfigur gestalteten Jesuskindes beweglich und konnten in unterschiedliche Positionen gebracht werden. Die Bekleidung besteht aus einem aus lachsfarbenem Brokat mit reichem Spitzenbesatz gearbeiteten Rock und einem miederartig gestalteten Oberteil mit fünffach gestuftem Spitzenkragen. Die engen Ärmel enden ebenfalls in reichfallenden Spitzen.
Die Bekleidung wurde in Anlehnung an gleichzeitige neapolitanische Krippenfiguren aus alten Materialien neu gestaltet.

91

Stehender Jesusknabe

Kopf, Arme und Beine Terracotta, farbig gefaßt;
Körper Werg über Draht; Glasaugen; Textilien
Süditalien, 18. Jahrhundert
H: 86 cm

Die Figur, die den Jesusknaben in einem deutlich fortgeschritteneren Alter zeigt, stammt vielleicht aus der Szene des Zwölfjährigen im Tempel. Bemerkenswert ist, daß auch Figuren dieser Größe nach dem Prinzip der Krippenfiguren gestaltet wurden: mit flexiblem Körper aus umwickeltem Draht; nur die sichtbaren Teile sind aus gebranntem und farbig gefaßten Ton geformt. Die sicherlich originale Bekleidung der Figur zeigt feine Rankenstickereien mit Goldfäden; die Sandalen sind aus Goldborten gefertigt.

92

Stehender Jesusknabe

Kopf, Arme und Beine Terracotta, farbig gefaßt;
Körper Werg über Draht; Glasaugen; Textilien
Neapel (?), 18. Jahrhundert
H: 68,5 cm

Vermutlich ebenfalls den Zwölfjährigen im Tempel stellt diese Knabenfigur dar, die in der für Krippenfiguren im Neapel des 18. Jahrhunderts üblichen Art angefertigt wurde. Das lebhaft wirkende, stark farbig gefaßte Gesicht ist von schulterlangem, äußerst bewegt gelockten, dunkelbraunen, anmodellierten Haar mit Mittelscheitel umgeben. Die ausdrucksvoll geformten Hände sind bis zu den Ellbogen, die Füße und Beine bis zu den Knien aus Ton geformt und an einem mit Flachs und Schnüren umwickelten Drahtgestell befestigt, das den eigentlichen Körper bildet. Der Knabe trägt über weißer Wäsche ein weißes Tüllkleid mit Goldstickerei und einen rotbraunen, am Rücken reich in Falten gelegten Samtmantel mit aufgenähten Schlingenornamenten aus Silberfäden und -kordeln.

93

Stehendes Jesuskind

Kopf Terracotta, farbig gefaßt; Arme und Beine Holz, farbig gefaßt;
Körper Flachs über Draht; Glasaugen; Textilien
Süditalien (Neapel?), 19. Jahrhundert
H: 48 cm

Die nach Art der Krippenfiguren aus Neapel gearbeitete Figur des Jesuskindes zeigt ein lächelndes Gesicht und goldblondes, bewegtes Lockenhaar. Beide Arme sind erhoben, konnten ursprünglich aber auch in andere Positionen gebracht werden. Das Kind trägt ein originales, wenn auch nicht ursprünglich zugehöriges blaues Seidenkleid mit Goldfadenstickerei und einem Gürtel aus Goldborte mit Glassteinen. Manschetten und Kragen sind aus feinster Tüllspitze genäht.

94

Wandkästchen mit schlafendem Jesuskind

Wachs, bemalt; Perücke aus Naturfasern (Flachs ?);
Gold- und Silberdraht; Textilien
Italien, 19. Jahrhundert
H: 51 cm; Seitenlänge: 37 cm

Ungewöhnlich ist die übereck gestellte Komposition des Kästchens. Auf einer geschweiften, reich mit Golddraht-, Pailletten- und Perlenstickerei versehenen Konsole liegt auf einem weiß bezogenen Bett das schlafende Kind in einem weißen Spitzenröckchen. Es stützt sein Köpfchen auf den rechten Arm. Ein Seidenvorhang schließt die Komposition an den beiden oberen Schrägseiten ab.

Das Jesuskind im KÄSTCHEN

Kostbare Erinnerungsstücke müssen in verglasten Kästchen oder unter aufwendig geblasenen Glasstürzen geborgen werden. Gerade Wachsfiguren sind besonders staubempfindlich – sie verlangen nach einer schützenden Aufbewahrungsart. Zudem bieten Holzkästchen mit eingesetzten Glasscheiben viel Platz für die zusätzliche Ausschmückung der kleinen Szene. Beliebt waren Themen wie das Jesuskind als „Guter Hirte" inmitten von heimischen oder auch exotischen Tieren oder die Einbettung des Kindes in ein Paradiesgärtlein mit üppiger Pflanzenwelt und Fundstücken aus der Natur wie Schneckenhäusern, Muscheln, Leuchtkäfern und Glimmersteinen. Einen wirklichen Mikrokosmos – ein kleines Abbild der Welt – kann man in solchen Andachtskästchen vorfinden.

95

Kästchen mit Jesuskind als Guter Hirte

Wachs, bemalt;
Perücke aus Naturfasern (Seide ?);
Holz; Papier; Glimmer; Textilien
Italien, 19. Jahrhundert
H: 31; B: 32; T: 18 cm

Das allseitig verglaste Kästchen birgt einen überreich mit Stoffblumen ausgestatteten Garten, in dem sich Lämmer, Hasen, Hirsche und Vögel aufhalten; die Landschaft aus farbigem Papier ist zudem mit kleinen Muscheln und Schneckenhäusern bestückt. Inmitten dieses an den Paradiesgarten erinnernden Umfeldes steht der Jesusknabe mit weißer Lockenperücke unter dem seidenen Schattenhut, angetan mit einem lachsfarbenen Gewand und einem Schäferstab in seiner Rechten.

96

Kästchen mit stehendem Jesuskind

Wachs, bemalt; Glasaugen; Gold- und Silberdraht;
Glassteine; Textilien
Italien, 19. Jahrhundert
H: 60; B: 46; T: 21 cm

Das hochrechteckige Kästchen mit den tief herunter gezogenen, abgeschrägten Ecken ist nur vorne und an den Seiten verglast. Auf einem flachen Podest, auf dem Maikrüge mit Blumen aus Bouillondraht angebracht sind, steht das lächelnde Jesuskind mit zur Seite geneigtem Kopf. Es trägt ein weißes, eng tailliertes Gewand mit reicher Applikation von Goldborten und -spitzen sowie aufgenähten farbigen Glassteinen und Wachsperlchen.

97

Kästchen mit stehendem Jesuskind

Wachs, bemalt; Glasaugen; Gold- und Silberdraht; Textilien
Italien, 19. Jahrhundert
H: 60; B: 31; T: 18 cm

Das oben halbrund geschlossene, vergoldete Kästchen trägt eine reich geschnitzte Bekrönung. Die Figur des stehenden, in ein leicht tailliertes Gewand mit weißem Spitzenkragen gekleideten Jesuskindes mit erhobener Segenshand und Weltkugel füllt den Innenraum nahezu völlig aus; lediglich zu beiden Seiten stehen vorne zwei Maikrüge mit Blumen aus Bouillondraht. Die Figur ist unter der jetzigen Bekleidung vollständig aus Wachs modelliert und stellt vermutlich eine Nachbildung des Prager Jesuleins dar.

98

Kästchen mit liegendem Jesuskind

Wachs, bemalt; Glasaugen;
Perücke aus Kunstfasern (?); Textilien
Italien, 19. Jahrhundert
H: 28; B: 29; T: 15 cm

Das querformatige Kästchen mit geschnitztem Aufsatz birgt ein Paradiesgärtlein aus Stoffblumen. Darin liegt, auf seinen rechten Arm gestützt, der Jesusknabe in einem lachsrosafarbenen Seidenkleidchen und feiner Lockenperücke; in seiner Linken hält er ein Kreuz.

99

Kästchen mit liegendem Jesuskind

Wachs, bemalt; Papier; Muscheln; Textilien
Italien, 2. Hälfte 19. Jahrhundert
H: 21; B: 26; T: 13 cm

Das rundum verglaste Kästchen steht auf einem leicht nach innen eingezogenen, ebenfalls verglasten Sockel mit schildpatt-imitierender Bemalung. Die Ausstattung des Kästchens mit Stoffblumen, wächsernen Schäfchen, weißen Tauben und Muscheln macht es zum Paradiesgarten. Darin liegt das aus Wachs gegossene Jesuskind in einem bräunlichen Tüllkleid, die Arme vor dem Körper verschränkt, ein Täubchen auf der linken Hand haltend.

100

Kästchen mit Fatschenkind

Wachs, bemalt; Glasaugen;
Gold- und Silberdraht; Textilien
Italien, 19. Jahrhundert
H: 37; B: 52; T: 23 cm

Der schlichte Holzkasten ist in seinem Inneren prächtig ausgestattet: eine Seidenschabracke und ebensolche Vorhänge zu beiden Seiten sowie bogenförmig aufgehängte Spitzengirlanden an der Rückwand bilden den Rahmen für das gefatschte Kind mit einem Häubchen aus Bouillondraht und reicher Schleifen- und Golddrahtverzierung des gewickelten Körpers. Vorne stecken drei zarte Blumensträuße in kleinen Vasen.

101

Kästchen mit liegendem Jesuskind
Wachs, bemalt; Glasaugen;
Gold- und Silberdraht; Textilien
Italien, 19. Jahrhundert
H: 40; B: 37,5; T: 23 cm

Das nackte, auf seinem rechten Oberarm ruhende Kind mit dem braunen gescheitelten Haar liegt auf einem roten Kissen. Der Kasten zeigt auf der Vorderseite eine vorhangartige Verblendung der Glasscheibe, dazu an beiden Seiten vorgelegte Lisenen und einen mehrfach verkröpften oberen Abschluß. Teils sind die Holzelemente mit marmoriertem Buchbinderpapier beklebt, teils sind sie in Stupfmanier blau und goldfarben verziert.

102

Kästchen mit liegendem Jesuskind
Wachs, bemalt; Gold- und Silberdraht;
Papier; Textilien
Italien, 19. Jahrhundert
H: 33; B: 45; T: 22 cm

Den Hintergrund des Kästchens ziert ein Bukett aus Stoffblumen und Papierblättern. Davor liegt, auf ein spitzenverziertes Kissen gebettet, ein wächsernes Jesuskind, das ursprünglich wohl als stehende Figur gedacht war. Die Bekleidung aus cremefarbener Seide wurde neu angefertigt.

103

Kasten mit liegendem Jesuskind
Wachs, bemalt; Glasaugen; Silber; Textilien
Italien, 19. Jahrhundert
H: 42; B: 45; T: 31 cm

Die Rückwand des schweren, dunkelbraunen Kastens ziert die Heilig-Geist-Taube im Strahlenkranz in sehr flachem, goldfarbenem Relief. Auf hellblauen Kissen liegt das nackte Jesuskind mit erhobener rechter Hand. Sein Kopf ruht auf einem silbernen Strahlenkranz, um seinen Hals schmiegt sich eine Korallenkette mit kleinem Kreuz.

104

Jesuskind von Aracoeli

Holz, farbig gefaßt; Glasaugen; Textilien
Süditalien, 19./20. Jahrhundert
H: 56 cm (Figur);
Baldachin: H: 98; B: 58; T: 29 cm

Die Nachbildung des Gnadenkindes der Franziskanerkirche von Aracoeli in Rom steht unter einem reich geschnitzten, mit roter und goldener Fassung versehenen Baldachin, der von einer Krone ausgeht; zwei Putten halten den Kronreif vor den üppig geschwungenen Draperien, unten sind cherubimähnliche Flügelwesen zu erkennen. Das Jesuskind von Aracoeli zeichnet sich durch seine einerseits deutlich stehende Haltung aus, andererseits durch die aufwendige Wickelung in reich mit Goldfäden bestickte Seidenbänder, wie sie bei den liegenden Fatschenkindern üblich ist.

Das Jesuskind von ARACOELI

Das berühmteste Jesuskind-Gnadenbild in Italien ist der wie ein Säugling gewickelte, aber aufrecht stehende Bambino von Aracoeli in der gleichnamigen Kirche in Rom. Das Gnadenbild wurde 1994 von Unbekannten gestohlen. Die ursprüngliche Figur entstammte wohl dem Sieneser Kunstkreis und ist im 15. Jahrhundert entstanden. Die Legende aber berichtet, daß der Bambino im Heiligen Land von einem Franziskaner aus dem Holz eines Ölbaumes geschnitzt und unter Mühen nach Italien gebracht wurde. In der Barockzeit wurde er mit Schmuckstücken behängt, die ihm Gläubige zum Geschenk gemacht hatten. Bis in unser Jahrhundert brachten ihn die Mönche regelmäßig in einer prächtigen Kutsche zu den Kranken Roms, damit sie durch seinen Anblick gesund würden. Im 19. Jahrhundert entstand der Brauch der Kinderpredigten, die römische Buben und Mädchen an den Weihnachtstagen in Anwesenheit vieler Menschen vor dem Gnadenbild hielten. Bis heute bekommt der Bambino von Aracoeli in Rom täglich Dutzende von Briefen aus der ganzen Welt.

105

Jesuskind von Aracoeli

Terracotta, mehrfach überfaßt; Messingblech
Italien, 19. Jahrhundert
H: 52 cm

Ganz aus Terracotta ist die Gnadenbildkopie des aufrecht stehenden Jesuskindes von Aracoeli geformt; die Ornamente der Wickelung sind reliefartig wiedergegeben. Das Kind tägt eine aus Messingblech gestanzte Krone. Die Farbfassung wurde vielfach erneuert und wirkt deshalb etwas ungleichmäßig im Auftrag.

106

Das schlafende Jesuskind im Paradiesgarten

Wachs, bemalt; Perücke aus Naturfasern (Flachs?);
Stoff- und Papierblumen; Muscheln; Glas; Glimmer; Textilien
Italien, 19. Jahrhundert
H: 63 cm

Das Kind sitzt auf einer bemoosten Felsenbank, die von einem mit zarten Blättern locker bestückten Baum und von einem Felsblock, dem eine Quelle entspringt, begrenzt wird. Der Stein zu seiner Linken bietet dem vom Schlaf übermannten Kind eine hohe Lehne, auf die es seinen linken Arm gelegt hat, sein Köpfchen mit den geschlossenen Augen und dem blonden, glatten Haar ist auf Schulter und Oberarm gesunken. Wie hingegossen ruht das Jesuskind, bekleidet mit einem zartrosa Seidenkleid, inmitten von blühenden Blumen und kleinem Getier.

DAS PASSIONSKIND

und das schlafende Jesulein

Neben den lieblich-kindlichen Darstellungen des Jesusknaben gibt es auch Bilder und Figuren des Passionskindes. Sie weisen darauf hin, daß Jesus schon im Kindesalter um seinen späteren Kreuzestod wußte. Auf Gemälden liegt das nackte Kind meist auf dem Kreuz und ist umgeben von den Arma Christi, den Leidenswerkzeugen. Dornenkrone und Nägel, Essigschwamm und Lanze, ja sogar Geißelsäule und Spottzepter liegen vor dem Kind im Gras. Wird das Thema plastisch dargestellt, so ist die Szene in der Regel in ein verglastes Kästchen eingefügt. Darstellungen des schlafenden Jesusknaben erinnern häufig an Kinderputten, an den kleinen Amor oder Eros. Ist ihnen noch ein Totenkopf beigegeben, sind sie eng verwandt mit Vanitasbildern, die an die Vergänglichkeit gemahnen. Auch das Bild des schlafenden Jesusknaben verweist auf seinen Tod.

107

Schlafendes Jesuskind im Glassturz

Wachs, gefärbt und teilweise bemalt; Textilien
Italien, 18./19. Jahrhundert
H: 33; B: 30; T: 20 cm (Glassturz)

Auf einem zweifach gestuften schwarzen Samtkissen mit einem Besatz aus weißer Tüll- und Goldspitze liegt hingestreckt der nackte Knabe mit angezogenen Beinen, den linken Arm an den Körper gelegt, den rechten angewinkelt über das Kissen gebreitet. Sein Kopf mit den anmodellierten rötlichblonden kurzen Locken ruht auf einer Kissenrolle und schmiegt sich in seine rechte Schulter. Die Komposition erinnert an Darstellungen des Amor- oder Cupidoknaben.

108

Schlafendes Jesuskind

Cartapesta, farbig gefaßt;
Perücke aus Naturfasern (Flachs?);
Silber; Textilien
Süditalien, 18./19. Jahrhundert
L: 46 cm

Auf einem veilchenblauen Polster liegt hingestreckt der schlafende Knabe mit goldenem Lockenhaar. Seine Augen sind geschlossen, der kindliche Mund ist leicht geöffnet, die Wangen sind rosafarben gehöht wie auch die Brust, der Bauch und die Knie. Seiner Linken ist das Zepter entglitten, die Silberkrone liegt auf einem kleinen Kissen zu seinen Füßen; seine Lenden sind mit einer goldverzierten, weißen Seidenschärpe umwunden.

109

Schlafendes Jesuskind im Holzkasten (Automat)

Wachs, gefärbt und teilweise bemalt;
Glasaugen; Holz; Textilien
Süditalien, 19. Jahrhundert
H: 28; B: 35 cm; T: 32 cm (geöffneter Kasten). Länge der Figur: 25 cm

In einem auf den Außenseiten braunmarmorierten Holzkasten, der innen mit rosafarbener, in Falten gelegter Seide ausgeschlagen ist, liegt ein aus sehr hellem Wachs geformtes schlafendes Jesuskind, das sich auf seine beiden unter dem Kopf angewinkelten Arme stützt. Zieht man den Automaten auf, hebt das Jesuskind den Kopf und öffnet die Augen; dazu erklingt ein Wiegenlied.

110

Passionskind im Kästchen

Wachs, bemalt; Holz; Textilien
Italien, 19. Jahrhundert
H: 30; B: 50: T: 25 cm

In einem auf blauem Grund blau marmorierten, verglasten Holzkasten liegt auf einem Seidenpolster mit silbernen Quasten ein wächsernes Jesuskind mit braunem, anmodellierten Lockenhaar. Das Kind hat beide Arme angewinkelt vor den Oberkörper gelegt und führt die Hände, die als Hinweis auf die Passion ein rotes Wachsherz halten, zum Kinn.

112

Liegendes Passionskind

Wachs, bemalt; Glasaugen; Perücke aus Naturfasern, Textilien; Bouillondraht
Italien, 19./ 20. Jahrhundert
L: 30 cm

Die vermutlich in unserem Jahrhundert entstandene Chaiselongue, die dem Jesusknaben als Ruhebett dient, hat ein hohes Kopfteil und ein sich nach unten verjüngendes Rückenteil; sie ist aus Pappe gefertigt und gänzlich mit fein gemustertem Seidenbrokat überzogen sowie mit älteren Zierteilen aus Bouillondraht ausgeschmückt. Auf zwei Seidenkissen ruht das nachdenklich nach unten blickende Jesuskind. Es trägt ein sehr schlichtes weißes, mit einem weiß-roten Seidenband gegürtetes Batisthemd mit Spitzenbesatz an Hals- und Ärmelausschnitten. In seiner rechten, dem Betrachter entgegengestreckten Hand hält es ein leuchtend-rotes, flammendes Wachsherz mit Paillettenbesatz.

111

Jesuskind mit Arma-Christi-Kreuz im Kästchen

Wachs, gefärbt und teilweise bemalt;
Stoffblumen; Glasperlen
Italien, 19. Jahrhundert
H: 48; B: 42; T: 22 cm

In einem türkisblau gefaßten, teils versilberten, verglasten Kasten liegt auf einem mit Goldspitzen verzierten Polster unter Stoff- und Perlenblüten ein aus Wachs modelliertes Jesuskind mit Korallenkettchen, das in seiner Linken das Kreuz mit den Arma Christi – den Leidenswerkzeugen – aus Bouillondraht hält.

113

Sitzender Jesusknabe mit Kreuz

Terracotta, farbig gefaßt; Glasaugen;
Messing; Holz; Textilien
Süditalien, 18./19. Jahrhundert
H: 43 cm

Als Passionskind tritt uns hier ein Jesuskind entgegen, das ursprünglich möglicherweise als nackter Knabe auf dem Arm seiner Mutter gesessen war - jedenfalls ist die Figur vollständig ausgearbeitet. Später wurde daraus ein sitzender Knabe, der ein Kreuz mit dem blutenden Herzen in seiner Rechten hält und mit der Linken an sein Herz greift. Vermutlich hat der etwas jammervolle Gesichtsausdruck dazu geführt, daß man ein Passionskind aus dieser Figur gemacht hat. Das rote Brokatkleid ist mit Goldspitze gegürtet und mit Spitzenkragen und -manschetten versehen.

114

Stehender Jesusknabe, das Kreuz betrachtend

Holz, farbig gefaßt; Glasaugen
Süditalien, 18./19. Jahrhundert
H: 60 cm

Der schlanke Knabe steht auf seinem rechten Fuß und hat den linken nach hinten gestreckt. Beide Hände sind in Brusthöhe gehoben, in seiner Rechten hält das Jesuskind ein kleines Holzkreuz, mit seiner Linken weist es darauf. Das Gesicht des Kindes hat einen jammervollen Ausdruck: die Augen sind weit aufgerissen und leicht schräg gestellt, die Augenbrauen in die Waagrechte gezogen. Der Mund ist wie zum Sprechen geöffnet.

115

Liegendes Jesuskind mit flammendem Herz

Terracotta, farbig gefaßt; Glasaugen
Süditalien, 19. Jahrhundert
H: 43 cm

Der kindliche Körper des liegenden Knaben ist gut durchmodelliert, das lächelnde Kindergesicht steht im Gegensatz zu dem Attribut in der Hand des Kindes: dem flammenden Herz, das an seine Aufopferung erinnert. Der Knabe stützt sich im Liegen auf seinen rechten Arm.

116

Liegendes Jesuskind

Wachs, bemalt; Glasaugen; Perücke aus Flachs;
Textilien; Papier, Pappmachée, Gips, Glas; natürliche Materialien:
Glimmer, Steine, Muscheln und Schneckenhäuser
Italien, 19. Jahrhundert
H: 53; B: 59; T: 30 cm

Ursprünglich unter einem heute verlorenen, querovalen Glassturz geborgen, liegt das Jesuskind, bekleidet mit einem schlichten, aprikosenfarbenen Seidenkleid über feiner Batist- und Spitzenwäsche, ganz entspannt auf der rechten Seite. Es hält seine rechte Hand vor die Brust, die linke liegt auf seinem Schoß; die Füße sind auf das weiße Lamm gestützt. Das Kind blickt mit weit geöffneten Augen sinnend vor sich hin – es schläft nicht. Lediglich die ungewöhnliche Darstellung des Agnus Dei als Fußstütze für den Jesusknaben verweist auf die theologischen Inhalte der auf den ersten Blick eher idyllisch wirkenden Szene. Mehrere Höhlen aus Pappmachée und Steinen, die reich mit verschieden großen Muscheln bestückt sind, bilden das Lager für das Jesuskind. Sein Kopf ruht auf der höchsten Grotte, in der mithilfe einer kleinen Glasscheibe ein Teich mit bunten Fischen angedeutet ist. Auf den Steinen und in den Höhlen sind Tiere zu erkennen. Die Szene wird überwölbt von einem aus Draht, Papier und Wachs gebildeten Orangenbäumchen, das gleichzeitig Knospen, Blüten und Früchte trägt und von einem Rosenstrauch mit Stoffblüten.

117

Passionskind im Glassturz

Wachs, bemalt; Perücke aus Naturfasern (Flachs ?);
Papier; Muscheln; Schneckenhäuser
Süditalien, 19. Jahrhundert
H: 57; B: 49; T: 27 cm

Unter einer Ranke mit Efeublättern aus Papier liegt auf einem Bettchen aus angedeutetem Gestein, bestreut mit Glimmer, bestückt mit Muscheln, Schneckenhäusern und Wachsblumen, hingestreckt die Jesuskindfigur aus sehr hellem Wachs, bekleidet mit einem schlichten weißen Seidenhemdchen. Das Kind hält seine linke, aufgestützte Hand vor die geschlossenen Augen; seine Rechte greift an die Dornenkrone, die auf seinem Schoß liegt.

118

Stehendes Passionskind mit Arma Christi

Figur: Holz, farbig gefaßt; Glasaugen;
Felsensockel Kork, Rinde und kaschiertes Papier über Holz;
Metallteile; Papier; Stoff
Süditalien, 19. Jahrhundert
H: 58 cm

Halb auf einem Felsensockel kniend, halb daran angeschmiegt, überragt die Figur des Jesusknaben mit silbernem Strahlenkranz die Gesamtkomposition. Das nackte Kind hält die Arme vor die Brust, die Finger beider Hände berühren einander. Der Ausdruck des rundlichen Kindergesichtes mit den leuchtendroten Wangen ist von Schmerz gekennzeichnet; der zu Boden gesenkte Blick verstärkt diesen Eindruck. Vor dem Jesuskind steht die Geißelsäule mit der Kette; darauf liegen Hammer und Beißzange, die Lanze mit dem Essigschwamm steckt darin. Hinter dem Säulenstumpf ist ein schwarzes Kreuz mit weiteren Leidenswerkzeugen und die Dornenkrone zu erkennen. Eingebettet sind die Arma Christi in Blüten- und Blattranken aus Papier und Stoff.

PROZESSIONSFIGUREN

von Maria und Kind

Bei Umgängen, Flursegnungen und anderen Prozessionen werden noch heute Figuren von Maria und vielverehrten Heiligen in prächtigen Gewändern, geschmückt mit Blumen, mitgeführt. Solche Tragefiguren sollten ein möglichst geringes Gewicht haben; deshalb wurde oft nur der Oberkörper vollrund ausgearbeitet, der Rock aber und der Unterteil des Mantels liegen lediglich auf einem leichten Gestell aus gebogenen Holzlatten locker auf. Marienfiguren, die nicht ursprünglich zum Bekleiden gedacht waren, wurden in späterer Zeit oft recht bedenkenlos umgestaltet: um das Überziehen der prunkvollen Gewänder zu erleichtern, hat man ohne Rücksicht auf die einstige Komposition und auf die farbige Fassung Veränderungen vorgenommen.

123

Maria mit Kind

Kopf Terracotta, farbig gefaßt;
Gliedmaßen Holz, farbig gefaßt;
Körper Werg über Draht;
Glasaugen; Perücke aus Tierhaar;
Textilien; Gold- und Silberdraht
Süditalien, 18. Jahrhundert
H: 51 cm

119

Maria mit Kind

Kopf Terracotta, farbig gefaßt;
Arme und Beine Holz, farbig gefaßt;
Körper Flachs über Draht; Glasaugen;
Perücke aus Naturfasern (Flachs ?); Textilien
Süditalien, 18./19. Jahrhundert
H: 71 cm

Wie eine Krippenfigur gestaltet – der Körper flexibel aus Draht, der mit Werg umwickelt wurde – diente die Marienfigur als häusliches Andachtsbild. Ihr liebliches Gesicht mit mandelförmigen Augen, schmaler Nase und leicht geöffnetem, lächelnden Mund wird von blondem Lockenhaar in langen, gedrehten Strähnen umrahmt. Das originale Gewand besteht aus einem cremefarbenen Kleid und einem hellblauen Mantel mit weiten Ärmeln. Beide Kleidungsstücke aus Seide sind mit üppigen Blumenranken in zarten Farben und in Gold- und Silberstickerei ausgeziert. Den Gürtel bildet eine Goldkordel mit langen Quasten. Auf ihrem linken Arm hält die Madonna das ganz aus Terracotta modellierte Jesuskind mit puppenhaftem Gesicht, das von blondem Kraushaar umrahmt wird. Sein Hemdchen wurde in jüngerer Zeit aus weißer, reich mit farbigen Blütenranken bestickter Seide gefertigt.

120

Maria mit Kind

Holz, farbig gefaßt (Oberkörper);
Holzgestell; Textilien
Italien, 18./19. Jahrhundert
H: 70 cm

Als Tragefigur für Prozessionen gedacht, wurde diese Marienfigur aus einem leichten Gestell aus Holzlatten und einem geschnitzten Oberkörper mit beweglichen Armen zusammengefügt. Das äußerst anmutige Gesicht der Madonna ist leicht nach unten gewendet und von enganliegendem, aufgemalten rötlichen Haar umgeben. Die feine Farbfassung mit der rosafarbenen Höhung der Wangen unterstreicht die Zartheit des Gesichts. Das Kind auf dem linken Arm der Mutter wirkt dagegen fast plump; es ist etwas dicklich und hat einen runden Kopf mit aufgemaltem braunen Haar. Bekleidet sind Mutter und Kind mit sehr schlichten, originalen Gewändern aus gelbem Goldlamé mit sparsamer Silberbortenauszier.

121

Maria mit Kind

Kopf der Madonna und Kind Holz, farbig gefaßt;
Körper aus Papier über Holzgestell;
Perücke aus Naturfasern; Glasperlen
Italien, 19. Jahrhundert
H: 76 cm; Dm des Gestells: 36 cm

Über die sehr einfache Marienfigur im langen, mit Flitterfarbe bemalten weißen Kleid und Mantel spannt sich ein Bogen aus Blumenranken. Die Blüten sind aus weißen Glasstäbchen mit Hinterlegung durch silberne und farbige Metallfolien geformt; dazwischen sind Papierblätter mit Resten von Versilberung befestigt. Das sehr kleine Jesuskind ist einfach geschnitzt, flüchtig bemalt und ebenfalls weiß gekleidet.

122

Maria mit Kind

Holz, farbig gefaßt; Textilien
Italien, 18./19. Jahrhundert
H: 46,5 cm

Um die ursprünglich als vollrund ausgearbeitete Skulptur im kirchlichen oder auch privaten Gebrauch einfacher umkleiden zu können, hat man am Oberkörper gravierende Veränderungen vorgenommen: die Arme wurden an Schultern und Ellbogen mit Kugelgelenken ausgestattet und der Oberkörper stark abgearbeitet sowie mit einer deutlichen Taille versehen. Die Figur trägt ein Gewand aus weißer Seide mit zarter Stickerei in Silber- und farbigen Seidenfäden. Goldborten und Tüllspitzen fassen die Säume ein. Das Kleid des Kindes, das möglicherweise nicht ursprünglich zugehörig ist, ist passend zum Gewand der Mutter angefertigt. Das blonde Kind blickt den Beschauer ernst aus einem dennoch puppenhaften Gesicht an. Die Köpfe von Mutter und Kind sind von einem Sternen- beziehungsweise Strahlennimbus hinterfangen; Maria trägt eine kleine Silberkrone.

123

Maria mit Kind

Kopf Terracotta, farbig gefaßt;
Gliedmaßen Holz, farbig gefaßt;
Körper Werg über Draht; Glasaugen;
Perücke aus Tierhaar; Textilien;
Gold- und Silberdraht
Süditalien, 18. Jahrhundert
H: 51 cm

Wie neapolitanische Krippenfiguren – mit biegsamem Körper aus Draht und dem Kopf aus Terracotta – sind Mutter und Kind gestaltet. An den Kopf des Kindes sind die dichten Locken anmodelliert, die langen Stopsellocken der Mutter sind vermutlich aus Pferdehaar angefertigt. Das jugendliche Madonnengesicht ist in seiner Schmalheit mit den übergroßen Augen, der langen Nase und dem kleinen, roten Mündchen eher untypisch und wirkt daher sehr individuell. Das Köpfchen des Kindes auf ihrem rechten Arm ist ebenfalls schmal, zeigt aber doch deutlich kindliche Formen in den vollen Wangen. Gekleidet sind Mutter und Kind in originale Gewänder; das braun-seidene Marienkleid ist besonders reich mit Stickerei in feinen Silberfäden ausgeziert, das helle Gewand des Kindes zeigt Ornamente aus Pailletten und Stickerei in Gold- und farbigen Seidenfäden; auf seiner Brust trägt es in Goldstickerei sein Monogramm IHS mit dem Kreuz.

125

Maria Bambina
Kopf Terracotta, farbig gefaßt;
Hände Holz, farbig gefaßt; Glasaugen;
Glassteine; Perlen; Metall; Textilien
Süditalien, 19. Jahrhundert
L (Figur): 48 cm; Bett H: 35; B: 38; L: 62 cm

Noch ein Wickelkind: die MARIA BAMBINA

Nicht nur der Jesusknabe wurde als Wickelkind dargestellt - auch von der kleinen Maria kennt man Bilder und Figuren, die sie in einer Wiege liegend, mit seidenem Spitzenhäubchen und einer zwischen der Schnürung bauschigen Wickelung zeigen. Diese Darstellungen gehen auf das Gnadenbild der Maria Bambina zurück, das die Suore di Carità in ihrem Konvent in Mailand zeigen. Die erste Figur dieser Art mit dem sehr feinen Wachskopf und dem Steckkissen aus cremefarbener Seide mit Goldborten stammte aus der Zeit um 1720/30. Eine Nonne hatte sie angefertigt. In der Vorstellung, daß gerade diese Figur makellos schön bleiben müsse, hat man sie mehrfach ausgewechselt, den Typus aber beibehalten. Nachbildungen der Mailänder Maria Bambina im Glassturz sind noch heute beliebte Hochzeitsgeschenke.

124

Maria Bambina

Kopf Terracotta, farbig gefaßt;
Hände Holz, farbig gefaßt; Glasaugen;
Textilien; Glassteine; Metall
Süditalien, 19. Jahrhundert
L (Figur): 49 cm; Wiege H: 40; B: 35; L: 73 cm

Auf einem mit Engelsköpfen und Palmettenranken verzierten und reich mit farbigen Glassteinen eingelegten ovalen Bettgestell aus Metallguß liegt auf Seidenkissen die prunkvoll geschmückte Figur der Maria Bambina als Wickelkind. Das fast porträthaft anmutende Gesicht wird von goldblondem, sehr kurzen Haar umrahmt, die großen Augen scheinen weit aufgerissen, der Mund wie zum Sprechen geöffnet; die großen, schön geformten Ohren tragen goldene Ohrstecker. Die steife Wickelung des Kindes ist reich mit Glassteinen, Perlen und Stickereielementen übersät, wobei auf dem Fußteil unterhalb des Marienmonogramms die Mondsichel auffällt, um die sich die Schlange windet. Auch der zwölfteilige Sternenkranz unterscheidet diese Figur deutlich von den Darstellungen des Jesuskindes.

125

Maria Bambina

Kopf Terracotta, farbig gefaßt;
Hände Holz, farbig gefaßt;
Glasaugen; Glassteine; Perlen; Metall; Textilien
Süditalien, 19. Jahrhundert
L (Figur): 48 cm; Bett H: 35; B: 38; L: 62 cm

Auf einem leicht angeschrägten, mit der originalen Tüllschabracke versehenen, ovalen Bett ruht auf weiß-goldenen Brokatkissen das Marienkind; es trägt über der weißen Seidenwickelung eine Tüllumhüllung, die reich mit Ornamenten aus Bouillondraht, Perlen, farbigen Glassteinen und Stickereiteilen verziert ist. Beide Ärmchen mit den ausdrucksvoll gestalteten Händen sind nach oben gestreckt. Das Köpfchen ist kindlich: mit hoher Stirn unter spärlichem Blondhaar, großen braunen Augen unter hellen Brauen, feiner Nase und einem sehr kleinen, leicht geöffneten Mund, der im Oberkiefer zwei Zähne erkennen läßt. Ein Sternennimbus verdeutlicht zusätzlich das Thema: die Maria Bambina.

126

Maria Bambina

(2 Ausformungen)
Tonguß, bemalt
Italien, 19. Jahrhundert
H: 10; L: 31; T: 14 cm

Die einfachste Form der Nachbildung der Maria Bambina ist diejenige in Tonguß. Sie war in verschiedenen Farbstellung erhältlich. Auch der massenhaft hergestellte Guß zeigt alle Merkmale der vielverehrten Figur: das Spitzenhäubchen, den reichen Spitzenkragen sowie die bauschige Wickelung des kleinen Körpers.

127

Maria Bambina im Kästchen

Wachs, bemalt; Gold- und Silberdraht; Textilien
Italien, 2. Hälfte 19.Jahrhundert
H: 26,5; B: 35,5; T: 18,5 cm

In einem vierseitig verglasten Kästchen, dessen Rückwand mit einer Blumenstickerei auf Seide beklebt und mit der Aufschrift „La S. Bambina“ versehen ist, liegt das gewickelte Marienkind mit gegossenem Wachskopf und der charakteristischen weißen, bauschigen Wickelung.

128

Maria Bambina

Wachs, bemalt; Glasaugen; Perücke aus Flachs; Textilien; Silberfäden, Glasperlen, Metall- und Kunststoffpailletten
Italien, 20. Jahrhundert
H: 16; L: 54,5; T: 19,5 cm

Auf einem mit weißem Brokat überzogenen Kissen liegt die gewickelte Figur der Maria Bambina mit leicht zur Seite geneigtem Köpfchen. Der geöffnete Mund und die leuchtend blauen Augen wirken zusammen mit dem zarten Wangenrot besonders lebendig. Die gebauschte Wickelung und das mit Rüschen besetzte Häubchen sind typische Merkmale des Mailänder Gnadenbildes der Maria Bambina.

129

Maria Bambina

Wachs, bemalt; Glasaugen; Textilien; Papier; Muscheln
Italien, 19. Jahrhundert
H: 43; B: 44; T: 17 cm

Auf einem mehrfach gestuften, weißlich gestrichenen und mit Goldspitzen beklebten Holzsockel liegt auf weißen Seidenpolstern das gewickelte Kind. Sein Köpfchen mit dem leuchtendroten Mund wird eng von einem Häubchen aus weißer Tüllspitze umschlossen. Das Steckkissen aus cremefarbener Seide ist mit Goldkordeln bauschig gewickelt. Auf der Brust des Kindes liegt ein Lätzchen mit feiner Golddrahtstickerei. Die liegende Figur wird überspannt von einem halbrunden Bogen, an dem Blätter aus grünem Papier und Blüten aus weißlichen und rosafarbenen Muscheln befestigt sind. Der ursprünglich zugehörige Glassturz ist verloren.

130

Maria Bambina im Glassturz

Wachs, bemalt; Glasaugen; Metalldraht; Gräser; Textilien
Italien, frühes 20. Jahrhundert
H: 38; B: 30; T: 18 cm

In einem querovalen Glassturz, der mit Stoff-Maiglöckchen und getrockneten Gräsern ausgestattet ist, liegt auf einer goldenen Ständerwiege mit weißem Tüllkissen die Figur des Marienkindes in seiner charakteristischen bauschigen Wickelung in heller Seide mit einem Häubchen aus Tüllspitze. Der Wachskopf ist gegossen, mit Glasaugen versehen und mit kräftigen Farben bemalt. Solche Figuren im Glassturz waren – und sind noch heute – beliebte Hochzeitsgeschenke.

INHALT

BILDNACHWEIS

Marco Rapuzzi, Brescia

Abb. 3 · 4 · 6 · 7 · 9 · 10 · 15 · 16 · 17 · 18 · 19 · 20 21 · 24 · 34 · 35 · 44 · 45 · 46 · 48 · 49

Kat.-Nr. 6 · 8 · 11 · 13 · 14 · 15 · 17 · 20 · 22 · 23 · 24 26 · 27 · 28 · 29 · 30 · 31 · 32 · 33 · 35 · 36 · 38 40 · 41 · 43 · 44 · 45 · 47 · 49 · 50 · 54 · 55 · 56 58 · 59 · 60 · 61 · 62 · 63 · 64 · 66 · 67 · 69 · 72 73 · 74 · 76 · 77 · 78 · 79 · 80 · 81 · 82 · 86 · 88 89 · 90 · 91 · 92 · 94 · 96 · 97 · 98 · 99 · 100 · 101 104 · 105 · 106 · 107 · 109 · 112 · 113 · 115 · 116 120 · 122 · 123 · 124 · 125 · 126 · 128

Bayerisches Nationalmuseum München
Walter Haberland

Abb. 8 · 14 · 22 · 36 · 40 · 43 · 47

Kat.-Nr. 1 · 2 · 3 · 4 · 5 · 7 · 9 · 10 · 12 · 16 · 18 · 19 21 · 25 · 34 · 37 · 39 · 42 · 46 · 48 · 51 · 52 · 53 57 · 65 · 66 · 68 · 70 · 71 · 75 · 83 · 84 · 85 · 87 93 · 95 · 102 · 103 · 108 · 110 · 111 · 114 · 117 119 · 121 · 127 · 129 · 130

Karl-Michael Vetters

Abb. 5 · 11 · 12 · 13 · 23 · 25 · 26 · 27 · 28 · 29 · 30 31 · 32 · 33 · 37 · 41 · 42

Staatsbibliothek Bamberg

Abb. 1

Staatliche Graphische Sammlung München
Abb. 38

Kunstsammlungen des Fürsten von Liechtenstein Vaduz
Abb. 39

Kunsthistorisches Museum Wien
Frontispiz

Sacro Convento di San Francesco Assisi
P.G. Ruf
Abb. 2

Hiky Mayr, Gardone Riviera
Kat.-Nr. 118